이집트 미라 초상

Egyptian mummy portraits

이집트 미라 초상

저승으로 떠나는 죽은 자의 여권 사진

김욱진 지음

프롤로그 ⋯ 7

1장
모래사막의 탐험가들 ⋯ 30
- 이집트 미라 초상화가 깨어나다

2장
모래사막의 초상화를 마주 보다 ⋯ 90
- 이집트 미라 초상화 너머, 일상과 삶을 파헤치다

3장
당신은 산 자와 죽은 자의 ⋯ 172
초상화를 그렸습니다
- 초상화를 그린 화가들

4장
불멸을 향하여 ··· 196
- 신들은 당신에게 영생을 약속합니다

5장
영원을 가로지르다 ··· 252
- 로마 시대 이집트의 장례 문화

6장
쓰러진 우상들 ··· 276
- 서기 4세기 다문화 시대의 종말?

에필로그 ··· 330

프롤로그

파울라 모더존-베커와 이집트 미라 초상화, 형태의 위대한 단순함

죽음을 아름답게 만드는 법
– 미라 초상화, 불멸을 속삭이다

　죽음은 때로 달콤하고 아르고스의 젊은이보다 강하다고 한다. 오랜 시간 동안 사람들은 죽음을 넘어설 방법을 꿈꿔왔다. 어떻게 죽음을 아름답게 만들 수 있을까? 죽음은 어쩌면 삶의 끝이 아니라 또 다른 시작일지도 모른다. 고대 이집트인들은 그렇게 믿었다. 그들에게 죽음은 삶이 닫히는 것이 아니라 열리는 것이었다. 삶은 끝나는 것이 아니었다. 그래서 정성껏 시간을 들여 고인을 미라로 만들었다. 살을 말리는 작업은 영원

여성 초상화, 개인 소장. © Wikimedia Commons.

을 향한 의식이었다. 미라 속에 잠든 자는 '바(Ba)'가 되어 자유롭게 세상을 떠돌고, '카(Ka)'로서 다시 살아 마침내 신성한 존재인 '아크(Akh)'로 태어났다. 이는 곧 이집트인들이 바라던 불멸로 가는 길이었다.

하지만 시간은 모든 것을 삼키는 거대한 파도였다. 로마의 강력한 군대가 사막을 가로지를 때, 신전과 사제들의 목소리는 침묵으로 가라앉아 뒤흔들렸다. 제국의 그림자는 넓게 드리웠고 새로운 시대가 찾아왔다. 그럼에도 불멸을 향한 이집트인들의 열망은 꺾이지 않았다. 이집트인들의 믿음은 사막보다 깊었고, 나일강처럼 끝없이 흘러갔다. 정복자들마저 그들의 신전을 짓고 예술을 닮아갔다.

그 증거가 바로 미라 초상화다. 파이윰 미라 초상화로 알려진 이 예술 양식은 서기 1세기에서 4세기 사이 이집트에서 제작되었다. 대부분 파이윰에서 발견되었지만 이집트 여러 등지에서 발견되기에 학계에서는 포괄적인 명칭인 '미라 초상화'라는 용어를 선호한다.

미라 초상화는 실제로 미라에 부착되어 있었고, 고인의 얼굴을 섬세하게 그려낸 것이었다. 그리스-로마 양식으로 제작되었지만 기능은 철저히 이집트 사후세계 신앙에 뿌리를 두고 있다. 오늘날 박물관에 전시된 대부분의 초상화는 미라에서 분리된 상태지만, 발견 당시에는 대부분 미라와 부착되어 있었으며, 약 1,000점이 넘는 작품 중 온전한 형태로 미라에 부착된 것은 오늘날 100여 점에 불과하다.

죽음을 아름답게 만든다는 말이 이상하게 들릴지도 모르겠지만 이집트인들은 그렇게 믿었다. 그들은 묻는다. "당신은 무엇으로 영원을 남기겠느냐고, 어떤 얼굴로 기억되겠느냐고." 우리는 어떤 얼굴로 기억되기를 원할까?

모래사막에서 마주한 시간의 메아리

이집트의 모래사막 아래 초상화가 오랜 시간 잠들어 있었다는 사실을 누구도 알지 못했기에 그 발견은 참으로 놀라웠다. 이들은 아무런 예고도 없이 모습을 드러냈다. 침묵 속에서 눈을 크게 뜬 채 아직도 무언가를 바라보는 듯하다. 마치 수세기 동안 기다리다 지쳐버린 듯 묘한 슬픔이 담겨 있다. 그들이 누구인지, 어떤 삶을 살았는지 우리는 거의 알지 못한다.

미라 초상화를 바라보면 철학자 발터 벤야민이 했던 얘기가 생각난다. 데이비드 옥타비우스 힐의 '뉴 헤이븐의 생선 파는 여인'을 두고 "사진 속 여인에게는 사라져 버리지 않는 무언가

헤리클레이데스의 초상화, 게티 박물관, 말리부, 91.AP.6. ©J. Paul Getty Museum.

가 남아 있으며, 그곳에 살았던 여인의 이름을 거침없이 요구하며, 여전히 여기에 실재하면서 결코 예술 속으로 들어가고 싶지 않을 것이다"라고 했다.

마치 벤야민이 미라 초상화를 두고 한 말처럼 들린다. 초상화 속 인물도 사진 속 여인처럼 예술로서 존재되기를 거부하는 듯하다. 한때 인간으로서 이 세상을 살았으니까.

화가는 찰나의 순간을 포착했고, 시간이 흘러도 그 공기는 여전히 그림 속에 머물러 있다. 초상화가 그려지던 순간이 너무 오래된 일이라 그런지, 그 간극이 상상력을 자극한다. 그래서인지 "당신은 누구였냐"고 자꾸만 묻게 된다. 그려졌다는 것만으로 정말 살아 있었던 증거가 될 수 있을까.

초상화 속 사람들은 놀라울 정도로 사실적이다. 마치 길을 지나다 만날 수 있을 것 같다. 그러나 그들이 머무는 곳은 시간이 멈춘 자리고 침묵이 가득한 공간이다. 그들은 말을 하지 않지만 눈빛은 결코 잊히지 않는 것 같다. 아무 말도 하지 않기 때문에 더 선명하게 다가온다.

이따금 초상화 속 사람들 중 일부는 서로를 알고 있었고 함께 이야기하며 살았을 거라 생각하면 묘한 기분이 든다. 아주 먼 옛날 광활한 오아시스 모래사막에서 분명 살았을 테니까.

이집트 미라 초상화 앞에서 만난 두 여자

루브르 박물관을 걷다가 우연히 한 미라 초상화 앞에서 발걸음이 멈췄다. 왜 그 초상화였는지는 모르겠지만 그냥 꽂혔다. 그녀는 먼 곳을 바라보고 있었고, 그 눈동자에 매료되었다. 그날 이후 미라 초상화 책을 써야겠다고 마음먹었다.

오래전에 살았던 사람이 이렇게 생생하게 다가올 수 있다는 게 참 신기했다. 살아 있는 누군가를 마주한 기분이 들어서 자꾸 보러 갔다. 루브르 박물관에 갈 때마다 그녀 앞에 서게 되더라. 가끔은 눈동자에 슬픔이 담겨 있는 것처럼 보이기도 했다.

이런 경험을 한 건 나뿐만이 아니었다. 19세기와 20세기에 걸쳐 살았던 독일 화가 파울라 모더존-베커도 루브르 박물관에서 미라 초상화를 보고 깊은 인상을 받았다고 한다. 안타깝게도 딸을 낳고 얼마 지나지 않아 세상을 떠났다. 서른한 살, 너무 이른 나이였지만 700점이 넘는 회화와 1,000점이 넘는 드로잉을 남겼다. 비록 오래 살지는 못했지만, 열정은 누구보다 뜨거운 사람이었다.

세월을 견뎌온 초상화가 내 걸음을 멈추게 하고 백 년 전 한 화가의 삶을 떠올리게 했다. 예술은 그렇게 시간을 건너 사람을 이어준다. 그럼, 파울라 모더존-베커를 먼저 만나러 가볼까?

여성 초상화. 루브르 박물관, 파리, MND 2047. © Wikimedia Commons.

파울라 모더존-베커, 파울라 모더존-베커 재단, 브레멘,
© Paula Modersohn-Becker-Stiftung.

나는 뭔가가 될 거거든요.

미술사 책을 읽다 보면 파울라 모더존-베커를 이집트 미라 초상화에 영향을 받은 화가 중 한 명으로 생각하기 마련이다. 하지만 파울라가 남긴 편지와 일기를 읽고 나면 생각이 완전히 달라진다. 그녀의 글은 옆에 앉아 속 이야기를 들려주는 것처럼 진솔하고 깊다. 근대라는 시대의 문턱에서 한 예술가가 성장해가는 모습을 엿볼 수 있다. 서른 몇 해를 간신히 살아내며 자신만의 세계를 완성했던 편지와 일기에는 삶과 예술에 대한 깊은 고민들이 고스란히 남아 있다. 베커 가문은 서로에게 편지를 많이 썼다. 파울라도 그랬다. 수백 통의 편지를 남겼고 지금 읽을 수 있는 것들도 있다. 언니 밀리에게 보낸 편지에서는 "나는 무언가를 할 거야", "계속 나아가야 해" 같은 말들이 자주 보인다. 스스로 다잡기 위한 문장이었는지는 모르지만, 그 안에는 어린 화가의 결심과 불안이 담겨 있다. 평범한 다짐으로 보일 수도 있지만 왠지 그 말들이 꼭 울먹이듯 적힌 것 같았다. 1898년 초, "내가 그림에 재능이 있다면, 초상화가 항상 내 주된 관심사가 될 거야"라고 했다. 그리고 시간이 흘러 1905년, 언니에게 다시 이렇게 털어놓는다. "재능이 있든 없든, 예술은 정말 어려운 일이야." 그 사이에 무슨 일이 있었던 걸까?

파울라가 그린 초상화 대부분에 수수께끼 같은 우울함이 깔려 있다. 미소는 거의 없고 시선은 멀리 흩어져 있으며 움직이지 않는다. 묘한 슬픔과 정적이 그림 속에 스며 있다. 결혼식을 얼마 앞두고 어머니에게 "저는 이제 새로운 삶을 시작합니다", "나는 내가 좋은 일을 해냈다고 믿어요"라고도 덧붙였다. 이 문장들 안에는 불안도, 다짐도, 책임감도 담겨 있는 것 같다.

예술가와 아내 사이에서 중심을 찾으려고 애쓴 것 같다.

파울라는 파리에서 세 번의 중요한 시간을 보냈다. 처음은 1900년 새해 전야. 이후 1903년과 1906년에 다시 파리를 찾았는데, 그때는 오토 모더존과 결혼한 뒤였다. 당시 일기는 예술가로서의 고민뿐만 아니라 아내로서 겪는 갈등과 외로움도 고스란히 담고 있다. 당시 예술가들과 마찬가지로 파리에 머무르는 동안 파울라는 루브르 박물관을 부지런히 방문했다. 파리로 몰려든 젊은 예술가들에게 루브르 박물관은 피할 수 없는 곳이었다. 1900년 1월, 티치아노, 보티첼리, 홀바인의 그림과 도나텔로의 조각을 보고 감탄을 금치 못했다. 루브르 박물관은 파리 체류의 전부이자 '끝판왕'이었다고 부모님에게 열정적으로 편지를 썼다. 파울라는 첫 파리 방문에서 고대 예술에 전혀 매력을 느끼지 못했다. "고대는 나를 차갑게 만든다"고 부모님께 쓴 문장은 단호하다.

파울라, 형태의 단순함에 매료되다

하지만 1903년 2월 25일, 파리를 다시 찾은 파울라는 변해 있었다. 미라 초상화를 본 뒤 일기에 이렇게 적었다. "나는 많은 것을 보고 내면적으로 아름다움에 가까워지고 있다"고. 그

파울라 모더존-베커, 1907, 동백나무 가지를 든 자화상, 폴크방 박물관, 에센, Nr. G 269. © Folkwang Museum.

이집트 미라 초상

리고 이어진 글에서 변화가 느껴진다. "지난 며칠 동안 저는 많은 형태를 발견했습니다", "지금까지 저는 고대에 낯선 사람이었습니다", "과거는 그 자체로 아름답다는 것을 알았지만 현대 미술과의 연결 고리를 찾지 못했습니다", "이제 저는 그것을 발견했고, 그것은 진보를 의미한다고 생각합니다." 그녀는 고대 초상화 속 단순한 형태에 큰 감명을 받았다. "형태의 위대한 단순함, 그것은 놀라운 일입니다", "저는 항상 제가 그리는 그림에 자연의 단순함을 부여하려고 노력해 왔습니다", "이제 저는 고대의 초상화를 배웁니다", "그들은 얼마나 크고 단순합니까!", "이마, 눈, 코, 뺨, 턱, 그게 전부입니다." 파울라는 자신이 본 초상화에서 물감이 이상하게 흐르는 듯한 느낌을 받았다고 한다. 단지 색채 때문만이 아니라, 표정의 모호함, 붓놀림이 담고 있는 개성과 독특함 때문이었다. 말로 설명되지 않는 꺼지지 않는 불씨가 초상화에 살아 있었던 것이었다.

1903년부터 1907년 사이에 그려진 자화상과 초상화들은 미라 초상화에서 많은 영향을 받았다. 미라 초상화의 윤곽과 외형을 따라가며 단순함 속에서 자신만의 깊이를 쌓아갔다. 그림들은 마치 파울라 자신처럼 말한다. "나는 계속 가야 해"라고.

파울라가 그린 동백가지 자화상만큼 미라 초상화에 영향을 받았다는 걸 또렷하게 보여주는 작품은 없다. 그림을 자세히 보면 하늘색 배경 위에 수직 줄무늬 같은 균열이 보이는데, 이게 꼭 미라 초상화의 나무 패널을 따라 한 듯하다. 어깨를 따라 그어진 검은 갈색 선은 로마인의 옷에 달린 '클라비(clavi)'를 떠오르게 만든다. 들고 있는 동백가지에는 영원과 덧없음, 피어남과 시듦, 삶과 죽음과도 같은 복잡한 상징이 담겨 있다. 파울라는 그런 사물의 부드럽고도 떨리는 진동, 그 자체의 부스스함을 표현해내려 애썼다. 직접 말하진 않았지만, 미라 초상화가 원래 장례 맥락에서 쓰였다는 점과 초상화 속 인물들 대부분이 여성이라는 사실이 그녀에게 깊은 영감을 주었을 터이다. 젊은 예술가에게 삶의 덧없음을 진지하게 성찰하게 해주는 특별한 경험이었을 것이다.

짧지만 화려한 축제, 파울라 불꽃처럼 살다 가다

그녀는 자화상을 그린 후 "내 인생에서 가장 강렬하게 행복한 시간, 자신과 가장 가까워진 순간"이라고 고백한다. 파울라는 표현주의와 입체주의 사이에서 자기만의 언어로 작품을 만들었다. 삶의 막바지에 다다랐던 마지막 시기는 또 다른 새로운 시작이기도 했다.

시인 라이너 마리아 릴케는 파울라의 친구였고, 그녀가 세상을 떠난 뒤 친구를 위한 진혼가로 추모했다. 때때로 이런 생각도 든다. 파울라가 파리에 가지 않았다면 어떤 그림을 남겼을까? 그녀는 "나는 나이고 점점 더 그렇게 되기를 희망한다", "나는 숨이 차다", "항상 더 멀리 멀리 나아가고 싶어요"라고 말하곤 했다. 아마, 예술로 앞으로 나아가기 위한 이유였을 터이다. 멀리 간다는 건 어쩌면 자신을 더 깊이 이해하려는 시도였을지도 모른다.

남편 오토 모더존은 그녀가 언젠가 위대한 화가가 될 거라고 믿었다. "색채의 독특함은 나는 따라갈 수가 없다"고 말했을 정도니까. 안타깝게도 파울라는 살아 있을 때 거의 인정받지 못했다. 세상의 관심은 그녀의 삶이 끝나갈 무렵에서야 조금씩 시작됐다. 죽음은 화려한 삶을 멈추게 했다. 그녀는 동시대 프랑스 거장들과 비교해도 손색없을 만큼 위대한 예술가였다. 무엇보다 짧은 시간 안에 남긴 작품의 양과 질에 압도된다.

파울라는 "저는 뭔가가 될 거거든요", "얼마나 커질지 얼마나 작아질지는 아직 말할 수 없지만 뭔가 완결될 걸 이룰 거예요", "목표를 향한 이런 흔들림 없는 돌진은 인생에서 가장 멋진 거예요"라고 적었다. 항상 자신을 믿었고, 때로는 불확실함에 흔들리면서도 끝까지 희망을 놓지 않았다. 그 마음이 멈추지 않게 했고, 그림 곳곳에 확고한 의지가 배어 있었다. 그녀는 편지마다 "나는 무언가가 될 거야"라는 말을 자주 남겼다. 1900년 여름 "나는 내가 오래 살지 못할 것이라는 것을 알고 있습니다", "하지만 그게 슬픈 일인가요?", "축제가 더 길기 때문에 아름다운 것일까요?", "내 삶은 하나의 축제, 짧지만 화려한 축제입니다", "앞으로 몇 년 동안 내게 주어질 모든 것을 다 받아들여야 하는 것처럼 감각이 점점 더 예민해지고 있습니다." 그리고 정말 그 말처럼 이른 나이에 세상을 떠났다. 지금도 이렇게 말을 건네는 듯하다. '나는 뭔가가 될 거야, 내 삶은 한 편의 화려한 축제니까.'

그녀의 예술은 20세기 흐름에 자연스럽게 스며들었다. 세잔, 고갱, 마티스, 쇠라, 드가 같은 거장들 이름이 담긴 일기와 편지를 보면, 파리에서 소중한 영감을 얻었다는 내용이 많다. 독일 예술가들 중에서도 거의 유일하게 세잔의 위대함을 알아봤던 사람이 바로 그녀였다. 세잔을 다룬 글들은 릴케가 아내에게 보내는 '세잔에 대하여'라는 책을 출판한 계기가 되었다.

너무 섬세해서 글로 남길 수 없던 것들

하지만 파울라의 아버지는 딸에게 부정적인 편지를 보냈다. 1896년 "나는 네가 일류 예술가가 될 것이라고 믿지 않는단다", "파울라는 아무것도 이루지 못할 것이다"라고 가혹한 평가를 내렸다. 아마도 말없이 받아들였겠지만, 가야 할 길을 바꾸지 않았다. 사망 이후, 그녀를 재조명하는 전시가 열리며 평가가 크게 바뀌었다. 고대 초상화에서 세잔, 고갱에 이르는 거장들과 교류했던 무명의 독일 화가는 한순간 '형태의 위대한 단순함'을 창조해 미술사 중심에 서게 됐다. 오늘날 파울라의 그림은 고야의 그림 옆에 걸려 있고, 미술사 책에서 뭉크나 피카소와 어깨를 나란히 한다. 비극적인 것은 죽음이었다. 살아 있었다면 어디까지 나아갔을까. 1907년, 마지막 시기에 새로운 아이디어들을 쏟아냈다. 이 무렵의 작품은 야수파처럼 강렬했고, 입체파처럼 추상적이었다. 그건 새로운 세계로 향하는 길 같았다. 겨우 10년, 풍부한 색채로 짧은 기간 자신의 예술을 완성했다. 소외된 지역 사람들과 여성, 아이가 그림의 주요 주제였고, 모성과 다산을 상징하는 레몬, 나무, 사과가 반복적으로 등장한다. 31살의 나이로 세상을 떠났을 때, 남긴 작품은 무려 1,400점의 드로잉과 730점이 넘는 그림이었다. 얼마나 예

파울라 모더존-베커, 1905, 소녀의 초상화, 폰 데어 하이트 박물관, 부퍼탈,
Nr. G 691. © **Von-der-Heydt-Museum.**

술에 진심이었는지 짐작이 가는가? 색채의 병치로 인상주의를 뛰어넘고자 했고, 배움에 대한 끝없는 갈망이 결국 위대한 예술가로 만들었다. 1898년 봄 그녀는 부모님에게 이렇게 편지를 썼다. "사실 내 인생에서 가장 아름다운 것은 너무 섬세해서 글로 적기에는 너무 아깝습니다." 아마 자신이 아름답다고 느낀 것을 그림으로 남겼을 것이다. 그녀는 자신을 비극적인 인물로 보지 않았다. 스스로 인정했듯이 자신이 오래 살지 못할 것을 알고 있었다. 그래서 더 열정적으로 살았는지도 모른다. 파울라의 일기와 예술은 지금도 많은 이들의 마음을 두드린다.

파울라와 고대 이집트, 아름다운 축제로 이어지다

파울라라면 죽음까지도 축제로 받아들였을 것이다. 고대 이집트의 일부 텍스트를 보면 미라 매장 시기는 애도의 의미를 넘어서 축제처럼 여겨졌다. 물론 미라가 무덤에 안치되는 날은 슬픔으로 가득했겠지만, 매장이 끝나고 나면 고인의 지인들은 무덤 근처에서 연회를 열었다. 고인을 기리고 기억하기 위한 자리였다. 죽음은 끝이 아니었고 새로운 여정이었을 것이다.

고대 이집트에서 '아름다운'이라는 뜻의 단어 네페르(nefer)는 장례식을 묘사할 때도 쓰였다. 고대 이집트인들이 추구했던 아름다운 장례식은 신이 내린 선물이었고, 현세와 내세 모두에서 고인을 영화롭게 해주었다. 문맥에 따라 네페르는 '완벽하게' 혹은 '적절하게 갖추어졌다는' 의미로도 사용되었다. 모든 것이 제자리에 있는 상태를 아름답다고 표현한 것이다. 미라 가면이나 초상화가 많은 걸 해야 하는 건 아니었다. 얼굴을 대신하는 기능, 그것 하나면 충분하다.

미라 초상화로 떠나는 고대 이집트의 마지막 발자취

나 역시 오래전 루브르 박물관을 찾은 파울라처럼 미라 초상화에 매혹되었다. 시간이 흘러, 헬레니즘-로마 시대 이집트 장례 문화를 다룬 책을 쓸 수 있을 만큼 많은 참고문헌을 모으게 되었다. 책은 여섯 장으로 나뉘어 있다.

첫 번째 장, 모래사막의 탐험가들

사막 한가운데서 초상화를 처음 발견한 사람들의 생생한 이야기를 담았다. 끝없는 모래사막에서 무엇을 봤는지, 그들의 발자취를 따라갈 것이다.

두 번째 장, 모래사막의 초상화를 마주보다

초상화 너머 그들의 삶에 들어가 볼 것이다. 이들은 어떤 삶을 살다 갔을까.

세 번째 장, 당신은 산 자와 죽은 자의 초상화를 그렸습니다

초상화를 그린 화가를 떠올려 볼 것이다. 붓을 든 화가는 무엇을 보고 있었을까. 살아 있는 사람의 얼굴이었을까. 아니면 이미 떠난 누군가였을까.

네 번째 장, 불멸을 향하여

초상화에 새겨진 상징들을 해석하는 장이다. 그들이 꿈꾸던 영원을 조심스레 들여다보려 한다. 이 장에서는 초상화와 여러 이집트 장례 도상들을 자세히 볼 것이다. 여러 초상화들을 하나하나 뜯어볼 거니까 기대해도 좋을 것 같다.

다섯 번째 장, 영원을 가로지르다

로마 시대 이집트 장례 문화를 살펴본다. 어떻게 죽음을 준비했고 삶의 마지막을 받아들였을까. 마지막을 준비하며 남긴 유언장이 있었을까.

마지막 장, 쓰러진 우상들

이교도와 기독교가 공존하고 충돌하던 시대에 미라 초상화가 서서히 사라져 간 이야기를 담았다.

에필로그

궁극적으로, 이 책은 미라 가면과 초상화 두 가지 형태에 오롯이 담긴 '이집트 사자의 서 151장에 새겨진 아름다운 얼굴의 그대에게'라는 영원의 메시지를 이해하는 것이다.

책을 쓰며 파울라처럼 스스로에게 묻게 된다. 죽음은 정말 삶의 끝일까? 미라 초상화를 보면서 이따금 끝이 아닐지도 모른다는 막연한 생각을 하게 된다.

1장

모래사막의 탐험가들
– 이집트 미라 초상화가 깨어나다

거울들, 흘러나온 자신의 아름다움을
다시금 자신의 얼굴로 모아들이는 거울들.

- 라이너 마리아 릴케, 『두이노의 제2비가』 -

세상에서 가장 아름다운 광경
– 피에트로 델라 발레의 이집트 미라 초상화

1887년 이전까지만 해도 미라 초상화는 스무 점도 채 발견되지 않았고, 별다른 관심을 받지 못했다. 사람들이 이집트에 흥미를 갖기 시작한 건 훨씬 전 16세기쯤이었다. 그때 유럽 여행자들은 이집트를 마치 황금과 신비의 땅처럼 묘사하곤 했다. 기념물은 실제보다 두세 배는 크게 말하고, 조각상이 에메랄드로 만들어졌다는 등 지금 보면 좀 과장이 심했지만 어쨌든 그만큼 매력적인 곳이었단 얘기다.

그런데도 여행자 대부분은 피라미드 정도만 보고 알렉산드리아나 카이로에서 발걸음을 멈췄다. 파이윰 같은 곳은 거의 언급조차 안 했다. 거기까지 가는 길이 험하고 위험하다고 소문이 자자했다. '오아시스'라는 말만 들어도 몸서리가 쳐졌다고 한다.

서구권에 알려진 최초의 미라 초상화 발견은 17세기에 한 이탈리아인의 수집품에서 비롯되었다. 피에트로 델라 발레(Pietro Della Valle)는 자신이 곧 미라 초상화를 발견할 줄도 모르고 먼 동방으로 떠날 준비를 하고 있었다. 1614년 베네치아를 떠나 13년 동안 지중해 동부를 거쳐 인도까지 여행했다. 로마의 부

1장

유한 귀족 가문에서 태어난 피에트로는 라틴어에 능통했고 성경에도 해박했다. 마침내 운명을 만날 수 있을지 모를 덜 알려지고 위험한 세계를 탐험하기로 결심했다. 아마 이 여행이 불멸의 명성을 얻을 수 있다는 생각에 사로잡혔던 것 같다. 왜냐하면 로마에서 자신의 지위에 걸맞은 교육을 받았지만, 어떤 분야에서도 뛰어난 업적이나 명성을 얻지는 못했다. 게다가 몇 년 동안 쫓아다닌 여성에게 퇴짜를 맞고 잊으려고 떠났다고도 한다. 그걸 또 순례라고 부르며 삶의 의미를 찾으려 했다. 그래서인지 사람들은 죽을 때까지도 그를 '순례자'라고 불렀다고 한다.

1614년 베네치아에서 콘스탄티노플로 항해하며 1년간 터키어와 아랍어를 배운 후, 이집트로 건너가 카이로에서 겨울을 보냈다. 이집트에 도착하자마자 고대 유물에 매료되어 피라미드와 무덤을 탐험하기 시작했다. 이후 사카라에 숙영하며 무덤과 미라를 조사했다. 사카라에 머무르던 어느 날, 한 농부가 조심스럽게 다가와 미라를 하나 보여주겠다고 했다. 부유해 보였던 이방인에게 미라를 팔기 위한 것이었겠다.

1615년, 고대 이집트 예술의 재발견

1615년 12월 15일 아침, 미라 초상화를 처음으로 본 순간이었다. 이 발견 이후 200년 동안 서구권에는 미라 초상화 발견이 보고되지 않았다고 한다. 그날 아침, 아주 특별한 발견을 비밀리에 보여주고 싶었던 한 남자가 피에트로를 무덤으로 안내하며 화려하게 장식된 남자 미라를 가리켰다. 미라는 온전한 상태였다. 자연주의로 그려진 고인의 초상화는 다양한 상징으로 장식되어 있었고, 미라 중앙에는 작별을 뜻하는 문구가 새겨져 있었다. 피에트로는 이것을 미라의 이름으로 오해했지만, 세상에서 가장 아름다운 광경이라고 기뻐했다.

자세히 관찰하며 이렇게 기록했다.

"금 목걸이와 가슴 중앙에 커다란 금 장식품이 있고 그 중앙에 여러 기묘한 상징이 새겨져 있었습니다." "오른손에는 포도주나 피 같은 붉은 액체가 담긴 금잔이 있었는데, 헤로도토스의 기록에 따르면 포도주일 가능성이 더 높다고 생각하지만, 저는 그것이 일종의 헌주를 상징한다고 생각합니다." "왼손에는 타원형 물체를 들고 있었는데 아마 가지로 보입니다." "왜 들고 있는지 궁금합니다." "어쨌든 나는 너무 기뻤고 그에게 미라가 더 있으면 즉시 나에게 보여 주어야 한다고 말했는데,

곧바로 미라가 더 있다고 대답했습니다." 피에트로는 흥분한 채 또 다른 미라를 보러 갔는데 이번엔 여성의 미라가 있었다.

"나는 그에게 미라를 그대로 두라고 말하며 미라가 있는 곳을 보고 싶다고 했습니다." "두 번째 미라는 첫 번째 미라만큼 아름다웠는데 여성의 초상화가 그려져 있었습니다." "그가 무덤의 같은 곳에서 발견되었다고 말했기 때문에, 그녀는 방금 본 남자의 아내 또는 여동생이나 누나가 틀림없습니다." "그녀는 보석으로 장식된 귀걸이와 양손에 많은 반지를 가지고 있었습니다." "오른손에는 황금 꽃병을 들고 있었고 왼손에는 길고 동그란 물체를 많이 들고 있었습니다." "나는 이것들이 무엇인지 모르겠습니다."

아쉽게도 피에트로는 더 이상 미라 초상화를 발견하지 못했다. 하지만 이집트에 머문 11개월 동안 이름 모를 과일, 신기한 꽃, 아름다운 말 등 이집트에서의 매일매일을 기록하는 것을 즐겼다. 그가 발견했던 두 미라는 유럽으로 가져왔는데, 상속인이 1728년에 그 미라들을 팔았고 지금은 독일의 드레스덴 박물관에 소장되어 있다고 한다. 이후 수십 년 동안 이집트에 대한 사람들의 관심은 점점 커졌지만, 피에트로가 발견했던 것과 비슷한 미라 초상화가 다시 세상에 모습을 드러내는 데는

Della Valle, P., 1674, *Reiss-Beschreibung in unterschiedliche Theile der Welt, nemlich in Türckey, Egypten, Palestina, Persien, Ost-Indien, und andere weit entlegene Landschaften*, p. 104.

정말 오랜 시간이 걸렸다.

 이방인의 눈에는 이집트의 모든 것이 신비롭고 의미심장하게 느껴졌을 터이다. 피에트로 델라 발레는 고대 이집트의 신비로운 예술을 세상에 소개하는 역할을 한 셈이다. 물론, 이집트 미라 초상화가 널리 알려지기까진 그 후로도 200년이 걸렸지만, 어쩌면 그토록 찾아 헤매던 불멸의 명성을 얻게 된 건 아닐까?

남성 초상화, 드레스덴 박물관연합, 드레스덴,
No. Aeg. 777. © Staatliche Kunstsammlungen.

잊혀진 이집트를 찾아서

1798년, 나폴레옹은 이집트 모래바람 속으로 발걸음을 옮겼다. 겉으로 보기엔 오스만 제국에서 이집트를 해방시킨다는 명분이었지만, 군사적으로/결과적으로 완전히 실패로 끝났다. 그런데 이 원정 덕분에 이집트학이라는 학문이 놀랍도록 발전하게 된다.

출항하기 한 달 전, 나폴레옹은 프랑스와 학문에 기여할 수 있는 사람들을 모집했다. 이렇게 해서 천문학자, 지질학자, 고고학자, 의사 등 167명의 전문가들이 배에 올랐다. 장비도 어마어마했다. 배에는 천문대, 물리/화학 실험실,

여성 초상화, 드레스덴 박물관연합, 드레스덴, No. Aeg. 778. © Staatliche Kunstsammlungen.

인쇄기, 각종 측정 도구 등 없는 게 없었다. 완전히 과학 탐험대였다.

조사단은 때로는 지치고, 질병에 시달리고, 경비대에 쫓기고, 현지 주민들의 격렬한 반대에 부딪히면서도 꿋꿋이 연구를 이어갔다. 신전, 박쥐의 습성, 악어의 이빨까지, 탐사하며 마주한 것들의 평면도, 고도, 단면을 그려내는 데 성공했다. 그들의 땀과 열정이 모여 탄생한 것이 바로 『이집트지』다. 이 책은 이집트학의 첫 장을 열며, 고대 문명의 베일을 걷어내는 위대한 서막이 되었다.

이집트학의 선구자들

도미니크 비방 드농(Dominique Vivant Denon)은 『이집트지』보다 훨씬 앞선 1802년에 자신의 이집트 여행기를 펴내 인류 역사상 가장 위대한 문명으로 이집트를 소개했다. 만약 그가 운 좋게 사자의 서를 발견했다면 토트의 서라고 명명했을 것이다. 그러나 미라 초상화도, 사자의 서도 발견하지 못했다. 파이윰 오아시스를 논하면서 "아무리 이집트인들의 거대한 업적에 익숙해도, 제네바 호수 같은 오아시스를 인간의 손으로 팠다는 건 납득하기 어렵다"며 고대 역사가들의 기록에 의문을 제기했다.

이집트지에 수록된 삽화

1장 **41**

반면, 기술자이자 지리학자, 골동품 수집가였던 에드메 프랑수아 조마르(Edme François Jomard)는 훗날 샹폴리옹을 맹렬히 비난했던 인물이다. 원정 당시, 스물세 살의 조마르는 그야말로 열정으로 가득 찬 젊은 연구자였다. 1799년, 강력한 군대의 호위를 받으며 파이윰 오아시스를 방문했다. 이후 프랑스에 돌아오자마자 『이집트지』에 파이윰의 아르시노에 유적에서 발견된 유물들을 상세히 기록했다. 이는 드농의 여행기보다 훨씬 발전된 보고서였다. 조마르는 파이윰의 아르시노에 지역을 탐험하면서 모스크에 재활용된 고대 대리석 기둥들을 언급했다. 또한, 디오니시아스 같은 파이윰에 존재했던 다른 고대 도시를 찾아내려고 노력했다. 파이윰에서 벽돌이나 도자기 조각이 많이 발견되는 걸 보며 나중에 무수한 유적이 발굴될 거라고 주장하기도 했다. 그리고 실제로 이 지역에서 아메넴헤트 3세가 만든 미궁을 발견하게 된다.

드농이 고대 증언에 의문을 제기한 사람이었다면, 조마르는 하와라에서 아메넴헤트 3세 미궁을 찾아낸 공로를 인정받았다.

상형문자 해독과 체계적인 탐험의 시작

말 나온 김에 샹폴리옹(Jean-François Champollion) 얘기를 하자

면, 1822년에 이집트 상형문자를 해독한 인물이다. 잊혀졌던 이집트 문명의 비밀이 하나씩 벗겨지는 순간이었다. 1828년 8월, 샹폴리옹은 알렉산드리아에 도착해 카이로와 기자를 거쳐 상부 이집트의 심장부로 향했다. 재정 문제와 건강 악화로 파이윰 탐험은 아쉽게도 생략해야 했다. 1829년 9월 11일자 편지를 보면, 그가 '왕들의 계곡'이 있는 테베에서 그리스어가 적힌 미라 서너 구를 프랑스로 가져왔다는 걸 알 수 있다. 이 신비한 미라들은 하드리아누스 통치 아래 테베에 살았던 그리스-이집트 소테르 가문의 미라였을까? 이후 보고서에는 다시 언급되지 않았다.

샹폴리옹의 탐험에 이어, 고대 이집트의 신비에 매료된 프로이센 국왕 프리드리히 빌헬름 4세의 의뢰로 두 번째 과학 탐험이 1842년부터 1845년까지 진행됐다. 당시 최고의 이집트학자였던 카를 리하르트 렙시우스(Karl Richard Lepsius)가 이끄는 탐험대는 나일강을 따라 수단까지 내려가며 적극적인 지원을 받았다. 1846년 1월, 렙시우스는 프로이센 왕의 투자에 걸맞게 거상, 스핑크스, 신전 기둥, 비석, 부조, 석관 등을 포함해 1,500여 점의 유물을 프로이센으로 가져왔다.

19세기 전반에는 이집트 유물 거래가 엄청 활발했다. 유럽의 많은 박물관들은 체계적으로 유물을 모았다. 렙시우스는 더 많은 시간과 돈을 들여 파이윰 탐험에 집중했다. 탐험대는 파이윰 호수 북쪽의 디메와 하와라 아메넴헤트 3세 피라미드 기슭에 있는 미로를 최초로 완벽하게 조사했다.

샹폴리옹과 렙시우스가 이집트학의 길을 활짝 열면서, 그저 보고 기록하던 여행자들의 시대는 점차 막을 내리기 시작했다. 이집트학은 이제 본격적인 학문으로 자리매김하게 됐다.

미라 초상화, 세상에 천천히 알려지다

19세기 초반부터 미라 초상화가 발견되었다는 기록이 남아 있다. 이집트 주재 외교관들과 여행자들은 초상화를 유럽으로 들여오기 시작했는데, 대부분은 약탈품이었다. 1815년부터 영국 박물관의 발굴 작업을 지휘하던 영국 영사 헨리 솔트(Henry Salt)는 1823년 미라 초상화 세 점을 런던으로 가져왔고, 1826년에는 루브르 박물관에 여섯 점을 팔기도 했다. 샹폴리옹은 이 초상화 중 다섯 점을 하드리아누스 황제 시대 테베의 그리스-이집트 소테르 가문의 인물로 추정했다. 솔트는 자국의 유산을 풍요롭게 하는 것을 영광으로 여긴 외교관이었고, 영국 박물관을 대표해 테베와 누비아 발굴을 지원하여 엄청난 수의 유물을 수집했다.

1827년에는 레옹 라보르드(Léon Laborde)가 멤피스에서 발견되었다고 알려진 두 점의 미라 초상화를 유럽으로 가져왔고, 각각 루브르 박물관과 영국 박물관에 소장돼 있다. 1836년에는 한 프랑스인이 테베에서 미라 초상화를 구입해 파리로 가져왔는데, 이 초상화도 루브르 박물관에 있다.

19세기 말, 카이로에서 활동하던 의사이자 수집가인 프랑스인 다니엘 마리 푸케 박사(Dr. Daniel Marie Fouquet)는 데이르 엘 바하리 동굴의 왕실 미라를 조사해달라는 의뢰를 받기도 했다.

이후 1887년 4월 25일, 파리 학술원에 자신이 들은 소식을 편지로 전했다. "바닥은 시체로 덮여 있었고, 일부는 미라로 다른 일부는 여러 겹의 수의에 싸여 있었습니다." "후자의 각 머리 아래에는 고인의 이름, 직업 및 출생지가 적힌 비문이 있는 명판이 발견되었습니다." "동굴의 벽은 나무에 그려진 매우 많은 초상화로 장식되었으며 대부분은 보존 상태가 매우 양호했습니다." 푸케 박사는 이 흥미로운 발견 소식을 듣고 현장으로 달려갔지만, 그의 기대는 차가운 현실에 부딪혔다. 발견자들이 추운 사막의 밤을 따뜻하게 보내려고, 나무 초상화를 불태웠다는 절망적인 이야기를 들었기 때문이다. 50여 점의 초상화 중

두 점이 살아남아 그의 손에 들어왔다. 정확한 발견 위치는 알려지지 않았지만, 파이윰 북부의 에르-루바야트 묘지 중 한 곳으로 추정된다. 미라 초상화들은 호기심의 대상이었고, 한 문명의 종말을 보여주는 예술 작품으로 여겨져 왔지만, 정작 아무도 출처나 연대를 밝히려 하지 않았다.

파이윰의 그늘에서

파이윰! 이름만 들어도 신비로운 기운이 감도는 곳이다. 특히 미라 초상화가 많이 발견된 곳이라 더욱 흥미로운데, 먼저 파이윰의 매력 속으로 푹 빠져보고, 오아시스 그늘 아래 선 두 인물, 테오도르 그라프(Theodor Graf)와 플린더스 페트리(Flinders Petrie)를 만나보자.

파이윰은 카이로에서 남쪽으로 80km 정도 떨어진 곳에 있다. 길이는 40km, 폭은 10km에 달하는 카룬 호수를 품었다. 고대 이집트인들은 이 호수를 '큰 호수'라 불렀고, 그리스-로마 시대에는 '모에리스 호수'로 불렸다. 지금의 파이윰이란 이름은 '생명을 주는 물'이나 '바다'라는 콥트어에서 유래했다고 한다. 정말 이름처럼 파이윰은 고대 이집트인들에게 생명과 풍요를 안겨준 땅이었다.

사라진 파라오의 속삭임, 파이윰에 남다

고왕국 시대에는 이집트 고위층들이 파이윰에서 사냥과 낚시를 즐겼다. 고위 관료들의 별장지였던 셈이다. 멤피스에서 갈대숲을 헤치고 파이윰으로 향하는 그들의 모습이 눈앞에 그려지는 듯하다. 하지만 파이윰은 단순한 사냥터가 아니었다. 오래전부터 독립적인 마을과 도시가 존재했다. 고대 피라미드 텍스트에서는 파이윰의 도시 '체디(Chedi)'가 언급되고, 제5왕조 시대에는 악어 머리를 한 신, 소베크(Sobek)의 주요 숭배지로 등장한다. 무려 3천 년 동안 파이윰 사람들은 소베크를 숭배했다. 호수 북쪽에선 4왕조 시절로 추정되는 소베크 신전도 발견됐다.

중왕국 시대 이후, 파이윰은 완벽히 이집트의 곡창지대로 탈바꿈한다. 아메넴헤트 1세는 늪지대를 배수해 농지로 만들었고, 그의 뒤를 이은 세누스레트 2세는 댐을 만들어 물을 농지에 고르게 분배했다. 또 아메넴헤트 3세는 수문을 설치하고 복잡한 운하를 만들어 홍수 피해까지 막았다. 파이윰은 완전 농업 천국이 된 거다. 그야말로 황금기를 맞았다. 고대 여행가들이 경탄했던 거대한 미궁의 전설은 비록 지금은 폐허 속에 잠들었지만, 유럽과 미국 박물관의 유리관 속에 고이 간직된 유물들은 파이윰의 찬란했던 시간을 속삭인다. 그래서인지, 파이윰은 점점 왕들의 관심을 받았다. 아메넴헤트 3세의 거상 같은 유물이 이곳저곳에서 발굴되었고, 특히 고대 여행가들이 경탄했던 미궁은 그야말로 전설이다. 헤로도토스, 스트라보, 디오도루스, 플리니우스 같은 사람들이 파이윰의 미궁을 보고 감탄한 기록도 남아 있다.

하지만 세월이 흐르면서 파이윰은 점점 잊혀졌다. 제2중간기엔 특별한 흔적도 남기지 않았고, 신왕국 시기엔 다시금 사냥과 낚시의 명소 정도로만 알려졌다. 그럼에도 파이윰은 언제나 그 자리를 지켜왔다.

소베크, 만능의 신이 되다

소베크 신은 시간이 흐르면서 더욱 풍요로운 속성을 지닌 만능의 신으로 발전했다. 헤로도토스도 언급했듯이, 테베 지역과 모에리스 호수 주민들은 악어를 신성하게 여겼다. 그냥 악어라고 다 신성하게 여긴 게 아니라, 특별히 선택된 악어들은 엄청난 대접을 받았는데 그 정성이 참 대단하다. 먹이를 주고, 훈련시키고 길들이는 건 기본이고, 귀에 금으로 만든 펜던트를 달아주고 앞다리에 팔찌까지 채웠다. 그러다 죽으면 신성한 관에

파이윰 테아델피아 신전에서 발견된 비석.
(Broccia, E., 1926, *Monuments de l'Egypte gréco-romaine I*, pl. LXIV)

방부 처리해서 묻어줬다. 특히 파이윰의 테브티니스에서 발견된 파피루스에 따르면, 하와라 신전에서 자란 악어를 보러 가는 게 당시 유행이었고, 관광 명소였다고 한다.

파이윰의 서 - 고대 이집트의 베스트셀러?

소베크는 점차 지역 수호신을 넘어, 우주적인 신으로 여겨졌다. 이를 보여주는 대표적인 문서가 바로 『파이윰의 서』다.

'파이윰의 서'는 로마 시대에 다수의 사본이 보존될 정도로 대중적 인기를 누렸던 문서이다. 그림이 있는 사본과 글만 있는 사본이 다양하게 존재하였으나, 현대의 책과 달리 파피루스로 만든 긴 두루마리 형태였다. 대부분의 사본 출처는 불확실하나, 일부는 파이윰에서 직접 발굴되었다. 이 책은 프톨레마이오스 왕조 초기에 재정비되어 로마 시대에 널리 퍼졌는데, 파이윰 신전의 '생명의 집' 사제나 서기관들이 이 작업을 담당하였을 것으로 추정된다. 그들의 작업 방식은 여전히 베일에 싸여 있어 신비로움을 더한다.

'파이윰의 서'는 크게 8개 부분으로 나뉘며, 악어 머리의 소베크 신이 파이윰 호수의 중요성을 강조하는 것으로 결론지어진다. 특히, 책에 실린 악어 머리 신이 배를 타고 있는 그림은 상형문자에 따라 북쪽 호수로 항해하는 소베크를 묘사한 것이며, 그림을 뒤집으면 남쪽 호수로 항해하는 모습으로도 해석된다는 점이 독특하다. 이러한 묘사는 소베크 신이 태양신 라처럼 영원한 순환으로 생명을 유지한다는 것을 보여준다. 악어는 태초의 물에서 태양이 탄생한 상징이며, 파이윰 호수가 그 증거로 여겨졌다. 소베크는 해가 뜰 때는 동쪽 하늘로 헤엄쳐 오르는 태양 라로, 밤이 되면 서쪽 호수로 들어가 재생을 준비하는 존재로 묘사된다. 이처럼 소베크 신이 깊은 의미를 지닌 존재였다는 것을 알게 되면서, 파이윰 지역은 단순히 미라 초상화가 발견된 곳을 넘어선, 우주적인 의미를 지닌 곳으로 다가온다.

파이윰의 번영과 쇠퇴: 중왕국에서 로마 시대까지

아메넴헤트 3세의 합리적인 물 관리는 중왕국 시대에 파이윰을 가장 비옥한 농경지로 만들었다. 알렉산더 대왕 이후 프톨레마이오스 왕조가 들어서면서 파이윰은 또 한 번의 변혁을 맞이하였다. 기원전 260년부터 상수도를 고치고 새로운 관개 시설을 만들면서 경작지가 엄청나게 늘어났다. 프톨레마이오스 2세는 그리스 군인들에게 이 땅을 선물하였고, 점차 이집트

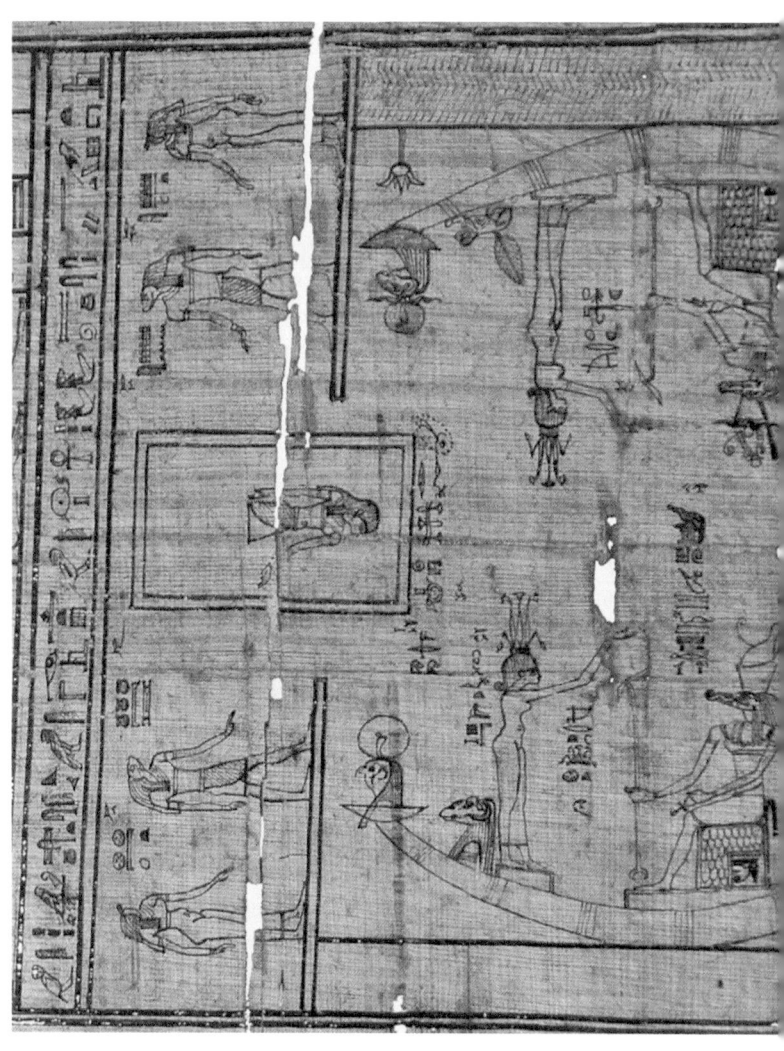

인과 동화되며 크고 작은 마을이 200개 이상으로 늘어났다. 이는 파이윰이 로마 시대에 절정의 전성기를 누리는 기반이 되었다.

파이윰의 각 마을은 저마다 다른 특성을 보였다. 남쪽의 테브티니스는 종교, 문화, 행정의 중심지였으며, 호수 북쪽의 속노파이우 네소스는 거대한 진흙 벽돌 신전이 인상적인 마을이었다. 동쪽의 필라델피아는 제논의 기록보관서가 발견된 곳으로 유명한데, 제논에게 보낸 편지나 탄원서 등 2,000점 이상의 파피루스가 발견되어 당시 이집트의 행정 시스템과 개인의 삶을 엿볼 수 있는 귀중한 자료가 되었다. 북서쪽의 테아델피아는 필라델피아와 짝을 이루는 마을로, 두 마을

파이윰의 서 중 일부.
(Beinlich, H., 1991, *Das Buch vom Fayum*, p.53).

모두 프톨레마이오스 2세와 그의 누이이자 아내인 아르시노에의 이름에서 유래하였다. 2세기 무렵 약 2,500명의 인구를 가졌던 테아델피아는 농업과 행정의 중심지였다.

모래 속에서 깨어난 카라니스의 일상생활

여러 마을 중 카라니스는 특히 흥미로운 곳이다. 속노파이우네소스에서 동쪽에 위치한 카라니스는 서기 2세기 파이윰에서 가장 크고 번성했던 마을 중 하나였다. 현재는 카이로에서 2시간 거리에 있는 콤 아슈임이라는 작은 농업 마을로 남아 있다.

카라니스는 프톨레마이오스 2세 때 세워진 마을 중 하나이다. 1920년대 초까지 그리스-로마 전문 고고학자들이 주로 파피루스 발굴에만 관심을 기울였다. 그러다 1923년, 미시간 대학교에서 새로운 위원회가 생기면서 1924년 가을 카라니스를 조사하게 되었다. 1925년 초에 시작된 발굴은 11년 동안 이어졌고, 첫해부터 풍부한 유물과 잘 보존된 건축물 덕분에 풍요로운 유적지로 입증되었다. 7개 구역의 각 층을 상세한 평면도와 단면도로 기록하고, 집을 개조한 흔적까지 확인하였다. 발굴자들은 현장 노트를 실시간으로 작성하며 모든 과정을 기록하였다.

미시간 대학교의 카라니스 발굴은 그리스-로마 시대 이집트 연구에 전환점을 마련하였으며, 카라니스에 살았던 사람들의 일상생활을 고스란히 드러내 사회 및 경제사 연구까지 가능하게 하였다. 무려 44,000점에 달하는 유물들이 현재 미시간 대학교 고고학 박물관에 보관되어 있다. 이 유물들 덕분에 그들이 주고받은 편지, 먹었던 음식, 심었던 곡물, 그리고 집을 장식했던 종교적인 그림까지 알 수 있게 되었다. 카라니스는 테브티니스나 속노파이우 네소스처럼 신전이 마을의 중심은 아니었으나, 많은 참전 용사들이 살면서 집을 사고 토지에 투자했던 곳이었다. 로마 시민권을 받은 참전 용사들로 가득했던 곳이니, 어쩌면 지금의 신도시와 같은 분위기였을 수도 있다.

  카라니스 마을은 농촌 가정 생활에 최적화된 모습이었다. 거리들은 구불구불 이어져 있었고, 마을을 남북으로 가로지르는 두 개의 주요 도로가 있었다. 각 블록 안의 집들은 벽이나 마당을 함께 쓰는 경우가 많아 이웃 간의 공동체적인 삶을 엿볼 수 있다. 집의 중심은 지상층의 개방형 마당이었고, 이곳에서 가족들이 모여 식사를 하고 일상을 보냈을 것이다. 특히 카라니스 집들이 대부분 다층 구조였다는 점은 사막에서 불어오는 모래 바람을 막기 위한 필수적인 선택이었다. 모래가 집 안으

파이윰 카라니스 유적지. © Kelsey Museum of Archaeology.

로 들어오는 것을 막고자 아예 위로 높이 지은 것이다.

건축 방식도 흥미롭다. 집 내부는 벽돌을 수평으로 차곡차곡 쌓아 올렸으나, 외벽은 벽돌을 오목하게 놓는 독특한 방식으로 지어졌다. 파피루스 기록에 따르면, 한 사람이 집 전체를 소유하기보다는 집의 일부만을 소유하는 경우가 흔하였으니, 당시 부동산 문화도 꽤 다양했던 것으로 보인다. 부유한 집에서는 종교적 신앙을 담은 벽화도 발견되어 주거 공간을 넘어 신앙심을 표현하는 공간이기도 했음을 알 수 있다.

카라니스 집에 그려진 벽화, 켈시 고고학 박물관, 미시간 대학교, 2003.02.0002. © Kelsey Museum of Archaeology.

    카라니스 사람들의 생활은 생각보다 윤택했던 것으로 추정된다. 목재 의자, 침대 같은 가구들이 집을 장식하였고, 어두운 방에서도 독서를 할 수 있도록 다양한 종류의 램프를 사용했다는 흔적도 남아있다.

    무엇보다 카라니스에서 발견된 파피루스는 당시 아이들의

카라니스 5046 건물 동쪽 벽에 그려진 벽화.
(Tallet, G., 2021, *La splendeur des dieux. Quatre études sur l'hellénisme égyptien*, p. 1081).

교육과 부모의 마음을 엿볼 수 있게 해준다. "너희가 건강했으면 좋겠다. 우리는 건강하단다. 가정 예배당에 등불을 켜고, 수업에 열심히 임하거라. 어머니는 걱정하지 마라"라는 문구에서 자식들이 건강하고 열심히 공부하며, 집안의 종교적인 의무도 잊지 않기를 바라는 부모의 애틋한 마음이 고스란히 느껴진다.

카라니스 5046 건물 북쪽 벽에 그려진 벽화.
(Tallet, G., 2021, *La splendeur des dieux. Quatre études sur l'hellénisme égyptien*, p. 1081).

마을 북쪽과 남쪽에는 웅장한 돌벽으로 만들어진 신전이 있었고, 파피루스에는 무려 약 27명의 신의 이름이 기록되어 있었다. 이처럼 카라니스 사람들은 일상 속에서도 신앙을 중요하게 여기며 살아왔음을 알 수 있다. 카라니스는 사막의 혹독한 환경 속에서도 신앙심으로 가득했던 곳이었다.

카라니스 5046호 건물 벽화에 나타난 그리스-로마-이집트 신화의 융합

카라니스 5046호 건물에 있는 인접한 두 벽의 벽화는 거의 연구되지 않았다. 원래는 방 전체에 벽화가 그려져 있었을 것으로 추정되지만, 현재는 북쪽과 동쪽 벽의 프레스코화만이 남아있다.

동쪽 벽의 프레스코화는 그리스-로마 신화와 이집트 종교가 혼합된 복합적인 장면을 보여준다. 왼쪽에는 검은 베일을 쓰고 횃불과 밀 이삭을 든 어두운 피부의 여성이 있는데, 이는 딸을 찾아 헤매는 데메테르로 보인다. 그 옆에 흰 옷을 입고 화환을 든 또 다른 여성은 저승에서 돌아온 페르세포네를 나타낸다. 두 여성 사이에 쿠션에 앉아 양손에 횃불을 든 어린 트리프톨레모스가 배치되었다. 오른쪽에 두 신이 왕좌에 앉아있다. 먼저, 화려한 장식의 튜닉을 입고 창과 꽃관을 든 인물은, 손목의 시툴라를 통해 이시스 여신으로 식별된다. 가장 오른쪽에 개에게 손을 내미는 인물이 앉아 있는데, 이는 하데스나 사라피스 신을 나타낸다. 전체적으로 이 작품은 페르세포네의 삼중 현현(데메테르적 측면, 저승의 여왕, 이시스와의 동일시)을 중심으로 한 종교적 융합 장면으로, 그리스 신화의 엘레우시스 신비와 이집트-

헬레니즘 종교가 결합된 모습을 보여준다.

북쪽 벽의 벽화는 왕좌에 앉은 젊은 남성(성인 호루스로 추정)을 중심으로 구성되었다. 그는 흰색 토가를 입고 긴 지팡이를 들었고, 양쪽에 서있는 인물이 배치되어 있다. 왼쪽 인물은 매우 흐릿하여 식별이 어렵지만, 중앙 인물에게 꽃이나 작은 항아리를 건네는 나체 여성으로 보이며 아프로디테일 가능성이 높다. 오른쪽에는 이시스 여신이 선명하게 그려져 있는데, 그녀는 광채를 발하며 정면을 향해 서 있고, 몸의 윤곽이 투명하게 드러나는 긴 드레스와 금색 장식 망토를 착용했다. 이시스는 한 손에는 뱀을, 다른 손에는 풍요의 뿔을 들어 이시스-티케로 식별된다. 벽화 하단부에는 두 마리의 작은 검은 소가 그려져 있는데, 오른쪽 소는 뿔 사이에 태양 디스크를 달고 불 제단 앞에 서 있으며, 왼쪽 소는 계단을 오르는 듯한 움직임을 보여준다. 또한 횃불을 든 날개 달린 에로스가 이시스를 향해 달려가는 모습과, 왕좌 옆에 앉아 태양 원반을 머리에 쓰고 손가락을 입에 넣은 작은 하르포크라테스가 함께 묘사되었다.

파이윰, 신기루처럼 사라지다

하지만 파이윰의 번영은 영원하지 않았다. 4세기부터 파이윰 마을들은 하나둘씩 사라지기 시작했다. 가장 큰 이유는 물 문제 때문이었다. 관개 시스템이 무너지자 농업도 함께 쇠퇴하였고, 마을은 점점 버려졌다. 로마 제국이 약해지면서 농업 정책도 무너졌고, 파이윰의 마을들은 모래 속으로 묻혀 거의 2천 년 동안 버려진 채 방치되었다. 한때 사람들이 웃고 떠들고 편지를 주고받으며 살았던 곳이 마치 처음부터 아무도 없었던 것처럼 사라져버린 것이다. 그 긴 세월 동안 얼마나 많은 이야기가 모래 속에 묻혔을까. 도자기 파편만이 그곳에 인간이 존재했었다는 흔적을 말해줄 뿐이다.

끝없이 건조한 사막을 지나다가 갑자기 파이윰 같은 풍요로운 땅을 마주친다면, 누구라도 신기루라 생각했을 것이다. 번영했던 문명이 사라지고 침묵에 잠긴 파이윰의 모습은 왠지 모르게 숙연해진다.

모래사막에서 보물을 찾아 헤매다: 미라 초상화의 발견자들

두 명의 열정적인 남자가 이집트에 깊이 매료되었으니, 바로 테오도르 그라프와 윌리엄 플린더스 페트리이다. 이들은 거의 같은 시기에 이 매혹적인 초상화들을 세상에 알렸으나, 접근 방식은 사뭇 달랐다.

그 여름, 사막에서 초상화를 모으다: 테오도르 그라프

1887년 어느 더운 여름, 아랍인들이 에르 루바야트의 모래 밑에서 이상한 네 점의 초상화를 발견하였다. 이 초상화들은 오스트리아의 골동품 수집가 테오도르 그라프의 손에 들어갔다. 파피루스와 이집트 유물들로 이미 이름이 알려졌던 그라프는 이 네 점의 초상화를 보자마자 미지의 아름다움에 단숨에 매료되어 계속해서 초상화를 사들였다. 몇 년 만에 그의 손을 거쳐 간 초상화만 해도 무려 330점 이상이었다고 한다.

그중 상당수는 파이윰의 고대 도시 필라델피아에서 나온 것으로 추정된다. 그라프는 이 멋진 보물들을 숨기지 않고 널리 알리고자 하였다. 1888년부터 유럽과 미국을 돌며 초상화를 전시하고 판매하였으며, 판매 도록에는 92점의 초상화와 3점의 미라 라벨이 실렸다. 영리한 그라프는 친구인 라이프치히의 이집트학 교수 게오르그 에버스에게 자신의 컬렉션을 학술적으로 출판해달라고 부탁하였다. 에버스는 유명한 이집트학자 렙시우스의 제자로 학계에서 명성이 높았다. 그라프의 노력 덕분에 초상화는 학자와 예술가들 사이에서 큰 관심을 받으며 연대 문제에 대한 열띤 토론까지 이어졌다. 에버스는 초상화들이 프톨레마이오스 왕조의 인물이라고 주장하며 헬레니즘 시

테오도르 그라프의 1894년 미라 초상화 전시 포스터.
(Seipel, W. (ed.), 1998, *Bilder aus dem Wüstensand*, p. 32).

대로 거슬러 올라간다고 주장하였다. 당시에는 그리스-로마 시대 이집트에 대한 정보가 부족했고 고고학과 파피루스학 역시 초기 단계였다. 문제는 그라프가 초상화를 미라에서 마구잡이로 떼어내 수집하는 바람에 많은 정보가 유실되었다는 점이다. 대부분의 초상화는 미라와 분리되었고, 무덤의 위치나 발견된 미라의 정확한 수도 알 수 없었다.

페트리가 밝혀낸 미라 초상화의 비밀

공교롭게도 그라프가 초상화를 모으던 같은 시기에 영국의 이집트학자 윌리엄 플린더스 페트리도 파이윰에서 초상화가 있는 무덤을 발견하였다. 1887년 크리스마스 직전, 발굴에 유리한 계절을 이용하고자 이집트로 향하였다. 그의 목표는 파이윰 남동쪽의 3,000개의 방이 있다고 전해지는 전설적인 미궁이었다.

1888년, 페트리는 파이윰 남동쪽 하와라 마을 근처에서 아메넴헤트 3세의 피라미드 미궁을 찾고 있었다. 피라미드 입구를 찾는 일은 쉽지 않았고, 미궁이 대부분 파괴되었다는 사실에 실망하기도 하였다. 찾던 무덤 대신 그리스-로마 시대의 무덤을 발견했을 때, 처음엔 시큰둥한 반응을 보였다. 첫 발굴에서 무려 81점의 미라 초상화를 발견하였다. 이듬해 겨울 다시 하와라를 찾아 아메넴헤트 3세 피라미드 입구도 찾았고, 20년이 지난 1910-11년 겨울에는 다시 하와라를 방문하여 65점의 초상화를 추가로 찾아냈다. 끊임없이 발견되자 점점 관심이 생겨 결국 미라 초상화에 빠져들게 되었다. 초상화는 페트리에게 깊은 인상을 남겼고, 그는 초상화들이 로마 시대에 속한다는 것을 깨달았다. 한 금박 가면에 '티토스 플라비오스 데메트리오스'라는 그리스 문자로 새겨진 이름이 있었는데, 이는 로마식 삼자 이름 구조(트리아 노미나 - tria nomina)를 보여주어 로마 시민임을 나타냈다. 페트리는 종합적으로 분석하여 로마 시대 미라 초상화와 가면의 발전 과정을 여섯 단계로 구분할 수 있다고 생각했다. 당시 고고학 정보가 부족한 상황에서 작업했음을 고려할 때, 그의 연대 추정은 놀라울 정도로 정확했다.

페트리는 발굴 과정을 세심하게 기록하였고, 많은 노트와 일기를 남겼다. 이 기록들은 초상화에 대한 풍부한 정보를 제공하며, 종종 개별 작품에 대한 설명까지 포함되어 있다. 초상화 속 인물들의 성격을 추측하기도 하였는데, 그 설명은 유익하면서도 유쾌하다. 예를 들어, "초상화 B는 25세 정도의 여성. 고운 안색에 아름다운 얼굴, 품위 있는 표정." 혹은 "초상화 P는 믿을 수 없을 정도로 멋지고, 초상화 AA는 매력적인 두상이다." 와 같은 기록을 남겼다.

발굴 당시의 상황도 일기에 자세히 기록되어 있다. 모래폭풍으로 발굴 작업이 중단되거나 38도 이상의 고온에 시달리며 2주 동안 심한 두통에 시달렸다고 한다. "미라에서 나오는 먼지에 둘러싸여 40도가 넘는 날씨에 걷다 보니 호흡하는 것도 쉽지 않았다."는 기록은 이집트의 강렬한 태양이 얼마나 지치게 했는지 보여준다. 완전히 지쳐 숙소에서는 앉거나 잠만 잘 수 있었다고도 말한다.

페트리는 노동자들을 위한 의사 역할도 맡았다. 아연 연고로 노동자들의 눈을 치료하고, 삶은 쌀과 커피로 심한 출혈도 치료하였다고 한다. 출혈이 멈추지 않으면 아편을 써봐야겠다고 말하기도 하였다.

다른 발굴자들과 달리 페트리는 가능한 한 초상화와 미라를 분리하지 않으려고 노력하였다. 1888-89년에 발굴한 81점의 초상화 중 12점이 완전한 형태로 남아있었고, 1910-11년에 발견한 초상화들은 16점이 완전한 상태로 하와라를 떠났다. 1888년 2월 5일, 그는 "유감스럽게도 대부분의 경우 미라를 초상화와 함께 보내는 것은 안전하지 않으며, 일부 초상화는 상태가 좋지 않으며.. 무거운 미라를 부착한 상태로 조심스럽게 포장할 수 없었습니다."라고 썼지만, 그럼에도 최대한 미라와 함께 보존하고자 하였다.

페트리는 초상화들이 대부분 무덤의 표시도 없이 단순하고 얕은 구덩이에 묻혔다는 점과 매장이 깔끔하지 못했다는 점을 눈여겨보았다. 하와라에서 약 10,000구의 미라를 발견하였으나, 초상화가 부착된 미라는 1~2퍼센트에 불과했다.

페트리는 처음부터 초상화를 찾으러 파이윰에 간 것이 아니었다. 진짜 목적은 고대 이집트의 전설, 3천 개의 방이 있었다는 아마넴헤트 3세의 피라미드 미궁이었다. 세월에 무너진 그 거대한 구조물을 찾겠다는 집념이 뜨거운 모래바람의 땅으로 이끌었다. 하지만 정작 사막 한가운데서 만난 것은 수천 년 전 사람들의 얼굴이었다.

페트리의 일기에는 초상화를 향한 깊은 애정이 고스란히 배어 있다. 1888년 1월 29일부터 2월 5일까지의 기록인 파일 22에는, 마치 숨바꼭질하듯 "다음날 또 다른 초상화가 나타났습니다."라고 적혀 있다. 그리고 "미라는 하루가 멀다하고 규칙적으로 찾아옵니다,"라는 문장에서 얼마나 간절히 기다렸는지 느껴진다.

2월 26일부터 3월 3일의 파일 43을 보면, 초상화가 나타나지 않는 날이면 오히려 불안감을 느꼈다고 고백한다. "나는 초상화가 매일 발견되고 있다는 사실이 너무 익숙해져서 공백이 며칠 생기면 불안해진다." 마치 오랜 친구를 기다리는 마음처럼, 초상화의 등장을 손꼽아 기다렸던 것이다. 그래서 "다음날 오후 초상화가 발견되었을 때 안도감을 느꼈다."는 구절은 페트리의 진심을 보여준다. 비록 "금이 가 있고 먼지가 조금 붙어 있었다고 해도."

그뿐만 아니라 일기를 쓰던 바로 그 순간에도 또 다른 초상화가 나타났다. 파일 44, "이 글을 쓰는 동안 또 다른 미라가 발견되었습니다."라는 문장에서 초상화를 기다렸던 마음이 느껴진다. "젊은 남자의 초상화는 평범한 스타일로 약간 금이 간 상태입니다."라는 담담한 묘사 속에서도, 발견의 순간마다 느꼈을 작은 떨림이 전해지는 듯하다. 페트리의 일기는 발굴 보고서가 아니라 열정과 애정이 담긴 사적인 기록이었던 셈이다.

수집가의 열정과 학자의 통찰, 초상화 앞의 두 사람

그라프가 사막에서 마법 같은 초상화를 발견하여 세상에 알린 열정적인 수집가였다면, 페트리는 얽힌 이야기를 깊이 파고

하와라 1911년 캠프 미라 발견. © Petrie Museum of Egyptian Archaeology.

들어 세심하게 기록한 학자였다. 한 명은 신비에 이끌려 멈출 수 없는 수집에 열정을 쏟았고, 다른 한 명은 이해의 깊이를 추구하였다.

리차드 폰 카우프만, 알린 가족의 비밀을 발굴하다

1849년 쾰른에서 태어나 1908년 베를린에서 생을 마감한 리차드 폰 카우프만은 변호사이자 경제학자였으나, 가슴속에는 예술과 고고학에 뜨거운 열정이 있었다. 이미 유명한 미술품 수집가이자 후원자였던 그는 마흔세 살이 되던 해에 직접 고대 이집트 고고학 발굴에 뛰어들기로 결심하였다. 이미 이집트 유물 수집으로 이름을 알린 자이델 박사와 함께 파이윰 동쪽 하와라로 향하였다. 몇 년 전 영국의 고고학자 윌리엄 플린더스 페트리가 이곳에서 성공적인 발굴을 마쳐 하와라는 이미 고고학계의 이목을 끈 곳이었다.

1892년 봄, 하와라에 도착해 3월 말부터 발굴을 시작하였고, 곧바로 행운이 찾아왔다. 알린과 그의 가족으로 추정되는 무덤을 발견한 것이다. 하지만 정확한 무덤의 위치를 파악하는 것은 쉽지 않았다. 카우프만이 베를린 민족학-선사학 학회에서 간략하게 구두로 설명한 것이 전부였기 때문이다. 설명에 따르면, 무덤은 길이가 3.50m, 너비가 2.80m인 진흙 벽돌로 된 방이었다고 한다. 이 무덤에서 총 여덟 구의 미라가 발견되었는데, 그중 세 구는 리넨으로만 싸여 있었고, 두 구는 금박 미라 가면을 쓰고 있었다. 나머지 세 구에서 미라 초상화가 나왔는데, 특히 여성 미라 초상화와 두 아이가 그려진 초상화는 바닥에 나란히 놓여 있었고, 그 위에는 남자 미라가 놓여 있었다고 한다.

알린의 죽음과 미스터리

비문이 새겨진 비석에는 헤롯의 딸 테노스라 불리는 알린이라는 이름과 함께 '이름 없는 통치자의 10년, 35세 메로에 7일'이라고 기록되어 있었다. 비문은 티베리우스 황제 통치기인 서기 24년에 사망했는지, 아니면 트라야누스 황제 시기인 서기 107년에 사망했는지 많은 의문을 남겼다. 초상화 속 아이들은 과연 그녀의 아이들일까? 만약 그렇다면, 같은 시기에 죽음을 맞이했을까? 초상화가 발견된 직후, 초상화는 원래의 광택을 잃기 시작하였다. 카우프만은 자신의 망토를 미라 위에 덮고 텐트 안 침대 아래에 보관하며 어떻게든 보존하려 노력하였다. 하지만 이 과정에서 안타깝게도 알린의 머리가 시신에서 분리

알린의 초상화, 베를린 이집트 박물관, 베를린,
Inv. 11411. © Ägyptisches Museum und Papyrussammlung.

소녀 초상화, 베를린 이집트 박물관, 베를린, Inv. 11412. © Ägyptisches Museum und Papyrussammlung.

소년 초상화, 베를린 이집트 박물관, 베를린, Inv. 11413. © Ägyptisches Museum und Papyrussammlung.

되는 사고가 발생하였다. 알린의 초상화와 미라는 베를린의 해부학 교수 루돌프 피르호에게 보내졌다. 피르호 교수는 골격을 재구성하여 초상화와 얼굴의 유사점을 찾으려 했고, 초상화가 살아생전에 그려졌을 것이라고 추측하였다. 그러나 슬프게도 알린의 머리는 제2차 세계대전의 혼란 속에서 유실되어, 오늘날 스케치만이 남아있을 뿐이다. 카우프만은 자신의 귀중한 발견품들을 베를린 박물관에 기증하였다.

과학이 밝혀낸 아이들의 이야기

이후 두 아이의 미라를 컴퓨터 단층 촬영(CT)한 결과, 한 아이는 여아로 확인되었고, 오랫동안 여아로 알려졌던 다른 아이는 남아이일 가능성이 높다는 사실이 밝혀졌다. 남아의 경우 뇌가 완전히 제거된 반면, 여아의 경우는 두개골 내부에 덩어리가 확실하게 보여 뇌가 제거되었는지 불확실하다고 한다. 엑스레이 결과에서 미라화 과정에서 시신이 심하게 손상되었음이 드러났다. 남아의 가슴은 미라 포장 도중 압력으로 인해 갈비뼈 일부가 부러져 있었다. 치아 분석으로 남아는 30개월에서 3세 사이, 여아는 4세에서 5세 사이에 사망했을 것으로 추정된다. 카우프만의 발굴은 알린 가족의 존재를 세상에 알렸으나, 동시에 여러 의문과 아쉬움을 남겼다. 과학 기술이 발전하면서 미라 초상화 속 인물들의 삶에 한 걸음 더 다가갈 수 있게 되었으나, 여전히 풀리지 않는 미스터리들이 남아있는 셈이다.

안티누폴리스 – 고대 이집트 발자취를 따라

카이로에서 남쪽으로 286킬로미터쯤 떨어진 나일강 동쪽 강가에 로다라는 마을이 있다. 그 마을 반대편, 현재는 흔적도 희미한 곳에 한때 찬란했던 도시, 안티누폴리스가 있었다. 이 도시는 본래 고대 도시 헤르모폴리스 맞은편 나일강 너머에 자리하고 있었다.

안티누폴리스는 처음부터 로마 도시였던 것은 아니다. 사실 이곳에는 파라오 시대의 유적들도 꽤 많이 남아 있다. 중왕국 시대의 묘지 비문이 발견되었고, 아멘호테프 3세의 이름이 새겨진 석비도 나왔다. 아멘호테프 4세가 세운 신전도 있었고, 람세스 2세가 이 신전을 확장하면서 크눔과 토트, 하토르 같은 신들을 새긴 부조까지 추가하였다. 특히 이 신전은 16노메에서 중요한 신으로 숭배되던 크눔에게 바쳐졌던 것으로 보인다.

1940년대와 1960년대에 이탈리아 발굴팀은 이집트 왕조 말기에 신전이 파괴되었다고 결론 내렸다. 아마르나 시대 초기 건축물 파편들은 프톨레마이오스 시대 말기에 재사용되었는데, 적어도 프톨레마이오스 시대에는 이 안티누폴리스에 베스 신의 도시 베사가 있었다고 한다.

샹폴리옹은 파라오 시대에 이 지역이 베사라는 이름으로 알려졌다고 설명하고, 마스페로 역시 안티누폴리스가 베사로 불렸다고 하였으나 어떤 기록에서도 이 이름은 알려져 있지 않다고 덧붙였다. 하지만 이 이름은 이미 여러 고대 작가들에게 알려져 17세기부터 20세기까지 많은 여행자들에 의해 불렸다.

하드리아누스 황제와 안티누폴리스의 탄생

로마 황제 하드리아누스는 제국을 가로지르는 두 번의 위대한 여정을 떠났는데, 특히 동양에 호기심이 많아 이집트는 무척 매혹적인 땅이었다. 두 번째 여정에서 그리스, 소아시아, 시리아를 거쳐 130년 여름 이집트에 도착해서 8개월 정도 머물렀다. 나일강 주변 주민들은 황제를 직접 볼 기회는 없었으나, 모든 대도시에 황제의 동상이 있어서 익숙했다. 테베에 도착하기 전 하드리아누스가 총애하던 안티누스가 강에 빠져 익사하는 비극이 일어났다. 이 죽음은 여전히 미스터리로 남아있다. 황제는 안티누스의 죽음을 몹시 애통해했다고 한다. 130년 10

월 3일, 황제는 안티누스가 익사한 근처 지역에 도시를 세우고 많은 사람이 이곳으로 이주하도록 장려하였다. 이주민들은 다양한 권리와 면세 혜택을 누렸고, 안티누폴리스는 그렇게 풍요로운 도시가 되었다.

도시의 쇠퇴와 재발견

6세기 말, 안티누폴리스는 서서히 쇠퇴하기 시작했다. 16세기 말에 몇몇 서양 여행자들에 의해 다시 발견되었다. 그러다, 1798년부터 1799년까지 이어진 나폴레옹의 이집트 원정에 동행했던 엔지니어이자 지리학자인 에드메 프랑수아 조마르는 안티누폴리스에 머물면서 도시의 도면을 제작하였고, 그 웅장함과 규모에 감탄하였다. 하지만 1836년, 자크 드 루제가 이곳을 방문한 후에는 "고대 도시의 흔적은 보이지 않는다." "한때 찬란했던 안티누폴리스가 있던 자리에는 모래밭이 펼쳐져 있었다."고 기록하며 사막만이 남아있다고 말하였다.

에밀 기메, 안티누폴리스에 매료되다

그리고 19세기, 한 프랑스인이 이 도시의 운명을 다시 흔들게 된다. 바로 에밀 기메라는 인물이다. 부유한 가정에서 태어

이집트지에 묘사된 안티누폴리스.

나 예술과 지식에 대한 갈증으로 가득했던 그는 프랑스 리옹에서 사업가로 성공한 후, 수많은 예술품을 수집하고 파리에 기메 박물관을 세웠다. 그는 "나는 과학을 전파하고 학자의 씨앗을 뿌리고자 하며 백 개의 씨앗 중 단 하나라도 꽃 피운다면 나의 목표를 달성한 것이다."라고 말하며, 특히 동양 종교에 깊은 관심을 보였다. 기메는 직원들을 교육하는 데 진심이었고, 특히 예술과 문화를 가르치는 데 큰 야망을 가지고 있었다. 직접 음악 협회를 설립하고 음악을 가르치기도 하였다.

1865년 11월, 기메는 메리스 호를 타고 마르세유에서 이집트로 떠나는 대장정을 시작하였다. 다른 문명을 이해하고 싶다는 강렬한 열망과 지식에 대한 갈증이 그를 이집트로 이끌었다. 매일 일기를 썼는데, 이 일기는 나중에 약간의 수정을 거쳐 출판되었다. 12월 24일 일기에서 "필레 섬을 방문한 것이 여행의 정점이었다."며 그 아름다움에 감탄하였다. 마리에트가 건립한 불라크 박물관에도 깊은 감명을 받았고, 이후 그리스, 알제리, 근동을 여행하며 지적인 발전을 이루었다.

기메는 7주 동안 알렉산드리아, 수에즈, 카이로에 머물면서 상부 이집트까지 여행하였다. 1866년 1월 1일, 펠루즈 호를 타고 알렉산드리아를 떠나 8일간의 항해 끝에 다시 마르세유로 돌아왔다.

 19세기 당시 이집트는 관광객들에게 활짝 문을 열었던 나라 중 하나였다. 특히 1870년부터 수에즈 운하가 개통되고 철도가 발달하면서 이집트 여행기는 대중의 엄청난 관심을 받았다. 보통 관광객들은 알렉산드리아에서 카이로까지 여행하며 델타 지역의 주요 도시들을 방문한 다음, 나일강을 따라 누비아까지 이동하는 코스를 즐겼다고 한다.

 1880년대 중반, 기메는 안티누폴리스의 잠재력을 직감하였다. 1885년, 당시 이집트 유물청장이던 가스통 마스페로에게 "제가 주로 그리스-로마 시대 이집트 종교에 관심 있다는 것을 아시죠? 안티누폴리스에서 뭔가 할 수 있는 일이 있지 않을까요?"라는 질문을 던졌다. 여러 정치적 상황으로 인해 10년이 지난 1895년에야 기메는 두 번째이자 마지막으로 이집트를 찾았다. 직접 안티누폴리스를 찾아 "로마 도시가 빛나고 있었습니다." "기념비도 돌 하나 없는 사막, 거대한 평원이 노랗게 고대 도시를 덮고 있었습니다." "...이 땅 아래에는 분명 이곳에 존재했던 문명의 흔적이 있을 것이고 체계적으로 발굴을 진행한다면 놀라운 일이 펼쳐질 것입니다."라고 기록하며 발굴을 요청하였다. 자크 드 모르간은 요청을 받아들여 알베르 가예를 발굴 지휘자로 임명하였다. 가예는 스승 마스페로의 조언에 따라 거의 연구되지 않았던 기독교 시대 이집트 연구를 맡았으며, 1895년에는 이집트 콥트 교회를 조사하기도 하였다.

알베르 가예, 안티누폴리스를 깨우다

1896년, 알베르 가예의 지휘 아래 안티누폴리스 발굴 작업이 시작되었다. 첫해에는 사방에 시추공을 뚫어 고대 도시의 규모를 가늠하였다. "신전, 극장, 목욕탕이 온전히 보였습니다." "궁전, 별장, 주택들, 미로처럼 펼쳐진 길과 거리가 솟아 있었고 진흙벽돌로 쌓은 건물이 남아 있었습니다." 가예는 묘지 구역을 집중적으로 발굴하였는데, 2세기 중반부터 6세기 중반까지 네 개의 묘지 구역을 연대순으로 분류하는 것이 주된 작업이었다.

발굴 작업은 1912년까지 이어졌고, 최소 40점 이상의 미라 초상화가 발견되었다. 특히 나무가 아닌 리넨에 그려진 초상화가 많이 발견되었다는 점이 주목할 만하다. 오늘날 리넨에 그려진 초상화는 130여 점이나 남아있다. 가예는 엄청난 수의 미라를 발굴하였으나, 기록을 해두지 않아 미라 초상화가 정확히 얼마나 발견됐는지 알 수 없다. 안티누폴리스의 기후 덕분에 유적은 잘 보존되었고, 비잔틴 시대의 옷이나 직물이 많이 발견되었다.

이렇게 발굴된 미라들은 매년 파리에서 전시되었고, 기메 박물관 연례 행사에서 발굴 결과를 대중에게 꾸준히 선보였다. 특히 기메 박물관은 안티누폴리스에서 발견된 유물만을 가지고 최초의 대규모 전시회를 열어 그 결과를 널리 알리는 데 크게 기여하였다. 전시회는 언론인, 예술가, 당시의 저명인사들로 북적였고, 에밀 기메는 더 많은 대중이 유물을 접할 수 있도록 목요일에는 무료 가이드 투어를, 일요일에는 공개 강좌를 열었다. 안티누폴리스 발굴은 고고학적 발견을 넘어, 대중에게 고대 문명의 신비를 소개하고 문화적 교류를 촉진하는 중요한 역할을 하였다. 가예의 열정과 기메 박물관의 노력이 합쳐져 잠들어 있던 고대 도시의 이야기가 비로소 세상 밖으로 나올 수 있었던 것이다.

안티누폴리스, 마법처럼 부활하다

죽은 도시가 살아나는 것을 상상해 본 적 있는가? 그 이야기를 들려준 사람은 바로 알베르 가예이다.

알베르 가예는 정말 특이한 인물이다. 1903년 파리의 기메 박물관에서 열린 공개 강연에서, 그는 갑자기 "저는 오컬트를 믿습니다!"라고 외쳐 관객들을 술렁이게 하였다. 그리고는 더 많은 안티누폴리스의 정보를 얻고자 마술의 대가 X에게 자문을 구했다고 솔직하게 고백한다. X는 환각 상태에서 유물을 이마에 대면 그 물체와 관련된 과거 사건들을 직접 볼 수 있었다고 한다. 마치 영화처럼 안티누폴리스에서 디오니소스의 행렬까지 보았다고 한다. 가예는 이 강연에서 사이코메트리라는 신비로운 원리를 설명하기까지 하였다. 물건이 과거의 기억을 저장하고 있고, 어떤 사람은 그것을 읽어낼 수 있다는 것이다. 그리고 이 이야기를 단지 말로만 하지 않았다.

마치 한 편의 연극처럼 강연을 꾸몄다. 과거와 현실을 넘나들며, 안티누폴리스의 유령을 떠올리고 죽은 자를 부활시키는 듯한 충격적인 연출까지 시도하였다. 발굴한 옷과 비슷한 의상을 젊은 여배우들에게 입히고 화려한 연설을 곁들였다. 게다가 미라에 옷을 입히고, 장례용품으로 둘러싸서 마치 무덤 속 장면을 그대로 옮겨놓은 듯한 전시를 하였다. 처음 본 사람들은 충격에 가까운 감탄을 쏟아냈다. 무섭지만 눈을 뗄 수 없는 그런 장면이었다.

파리에서 열린 강연으로 청중을 사로잡았을 때, 놀랍게도 잠들어 있던 안티누폴리스의 유령은 마침내 깨어났다. 마치 마법처럼 죽은 도시가 살아나는 듯하였다. 주민들이 하나씩 무덤에서 걸어 나와 옛날 번영했던 도시 이야기를 해주는 듯하다. 얼굴의 이목구비도, 튜닉의 주름도, 이마에 두른 화환도 변한 것은 아무것도 없었다. 그들의 눈빛은 강렬하게 따라다니며, 마치 천 년의 시간을 넘어 말을 걸고 있는 듯한 착각마저 불러일으킨다.

물론, 이런 퍼포먼스의 목적은 하나였을지도 모른다. 바로 발굴 기금을 모으기 위해서이다. 실제로 강연으로 많은 발굴 기금이 모였으니까. 가예는 늘 불안하였다. "이 완전한 탐험을 할 수 있을까요?" "유적지의 규모가 너무 커서 필요한 자금을 오랫동안 찾지 못할까봐 두려워요."라고 솔직하게 고백할 만큼이었다. 알베르 가예의 꿈은 파리에 안티누폴리스 박물관이 설립되는 것이었다. "저는 16년 동안 안티누폴리스를 탐험해 왔지만 제 작업은 아직 끝나지 않았고 어떤 면에서는 거의 시작에 불과합니다."라고 말하였다. 안타깝게도 재정 문제로 그가 발굴한 일부 유물들은 유럽과 미국에 흩어져 소장되어 있다.

알베르 가예는 단순히 유물을 발굴한 고고학자를 넘어, 죽은 도시의 영혼을 불러내 대중과 소통하게 만든 환상적인 이야기

강연 중 모델에게 옷을 입히는 알베르 가예.
© Musée du Louvre.

© Gayet, A., 1904, *Fantômes d'Antinoë : les sépulture de Leukyoné et Myrithis*, pl. 1.

꾼이었는지도 모른다. 그의 열정은 유물을 모으는 것을 넘어섰다. 마치 마법처럼, 과거의 생생한 삶을 다시 불러들였으니 말이다.

파도 아래 잠든, 마리나 엘-알아메인의 미라 초상화

해변 하면 일광욕이 먼저 떠오르지만, 이집트의 마리나 엘-알아메인 해변은 좀 다르다. 1990년대 초, 폴란드 고고학 팀이 이곳에서 미라 초상화를 발견했기 때문이다.

마리나 엘-알아메인은 지금은 인기 있는 해수욕장이지만, 사실 역사적으로도 꽤 중요한 장소였다. 알렉산드리아에서 서쪽으로 약 100km 떨어진 곳인데, 과거에는 알렉산드리아에서 키레네로 이어지는 주요 무역로 중 하나였다. 게다가 이 지역의 묘지는 기원전 2세기부터 무려 서기 7세기까지, 거의 900년 동안 사용되었다.

땅 위에 높이 지어진 무덤들도 있었는데, 흥미롭게도 알렉산드리아에서 발견된 무덤들과 비슷한 양식이었다. 이 무덤들에서 몇 점의 미라 초상화가 발견되었고, 미라의 입 위에서 금박이 발견되었다.

엘-알아메인은 시골 마을이 아니었을지도 모른다. 도시 문화와 예술을 향유했던 국제적인 무역로 한가운데 살았던 사람들이었던 것이다. 도대체 미라 초상화의 기원은 어디일까? 알렉산드리아는 고대 세계에서 어떤 문화적 중심이었을까?

알렉산드리아는 지중해의 진주였다. 그리스와 이집트, 로마 문화가 뒤섞인 이곳은 헬레니즘 문화의 핵심, 예술과 학문, 무역이 활발했던 국제도시였다. 그러니 이런 도시가 미라 초상화의 발명과 발전에 중요한 역할을 했다는 것은 꽤 설득력 있는 이야기이다. 미라 초상화는 이집트 전통의 미라 제작 방식에 사실적인 초상화 기법이 더해진 독특한 형태이다. 누군가 죽으면 그 사람의 얼굴을 실제처럼 그려서 미라에 부착하는 것이다. 그러니, 이런 혼합 문화가 꽃피울 수 있었던 알렉산드리아 같은 곳이 중심지가 되었을 가능성이 높다.

그런데 여기서 재미있는 질문이 생긴다. 그럼 왜 정작 알렉산드리아에서는 미라 초상화가 발견되지 않을까? 마리나 엘-알아메인 같은 주변 지역에서는 발견되는데 말이다. 참 이상하다.

70%의 비밀이 풀리나?
테오도르 그라프의 수수께끼, 드디어 풀리다

이집트 전역에서 미라 초상화가 발견되기는 하지만, 사실 지금까지 알려진 것 중 약 70%는 파이윰 지역에서 나왔다고 한다. 그런데 이 파이윰 지역 중에서도 특히 흥미로운 곳이 있다. 바로 에르-루바야트라는 공동묘지이다. 이곳은 과거 테오도르 그라프라는 인물이 대량의 미라 초상화를 회수했다고 알려진 곳이다.

2015년부터 에르-루바야트에서 발굴이 시작되었는데, 사실 이곳의 정확한 위치는 애매했다. 발굴이 진행되면서 흥미로운 사실들이 밝혀지기 시작하였다. 이 공동묘지는 고대 도시 필라델피아의 동쪽에 위치해 있었고, 프톨레마이오스 시대의 무덤들은 동쪽과 남쪽 끝에서 주로 발견되었다. 반면, 로마 시대의 무덤들은 정착지와 비교적 가까운 곳에 있었고, 서쪽으로 점차 확장된 형태를 보였다.

그리고 드디어, 2020년과 2022년에 발굴팀은 아주 중요한 발견을 한다. 바로 테오도르 그라프가 수집했던 미라 초상화와 아주 비슷한 작품들을 몇 점 발굴한 것이다! 그라프가 발견한 초상화들은 사실 고고학적 맥락(정확한 출토 위치나 주변 유물 정보)이 명확하지 않아 논란이 많았었다. 하지만 이 미라 초상화들이 고고학적인 맥락 안에서 발견되었고, 따라서 에르-루바야트가 바로 고대 필라델피아에 존재했던 공동묘지였다는 사실

최근에 발견된 미라 초상화. © Gehad, N. et al., 2022., « Newly Discovered Mummy Portraits from the Necropolis of Ancient Philadelphia -Fayum », *BIFAO* 122, p. 257.

이 명확하게 증명된 것이다. 마치 잃어버렸던 퍼즐 조각을 찾아 정확한 자리에 끼워 넣은 것과 같은 기분이다.

이 발견은 미라 초상화 연구에 매우 중요한 진전이며, 고대 필라델피아의 역사와 문화를 이해하는 데 큰 도움을 줄 것이다. 앞으로 에르-루바야트에서 또 어떤 놀라운 초상화가 발견될지 귀추가 주목된다.

2장

모래사막의 초상화를 마주 보다

- 이집트 미라 초상화 너머, 일상과 삶을 파헤치다

그들의 목소리는 먼 곳에서 온다.
그것은 해 뜨기 전에 떠나서 널찍한 숲을 지나
몇 주일 동안이나 걷고 있다.
그들의 목소리는 먼 곳에서 온다.

- 라이너 마리아 릴케, 『그들의 목소리는 먼 곳에서 온다』

미라 초상화를 마주할 때마다 "저 사람은 대체 누구였을까?"라는 질문을 던지곤 한다. 초상화 속 인물들은 과연 어떤 삶을 살았을까? 그들의 생생한 얼굴은 어떤 이야기를 담고 있을까? 본 장에서는 미라 초상화 속 인물의 삶에 집중하여 살펴보겠다.

변하지 않은 땅과 변한 사람들

다수의 정복자가 이집트를 지배하며, 이집트는 과거의 이집트가 아니었다. 나일강과 사막은 예전 그대로였으나, 사람들의 삶과 문화는 끊임없이 변화하였다. 그리스인과 로마인에게 이집트의 뜨거운 태양은 때론 낯설었을 것이다.

기원전 30년, 악티움 해전에서 로마의 옥타비아누스가 클레오파트라와 안토니우스를 격파하면서 모든 것이 변화하였다. 이집트는 로마 제국의 속주가 되었고, 더 이상 과거의 이집트가 아니었다.

나일강과 사막은 여전히 그 자리에 있었으나, 사람들의 정체성은 점차 변화하기 시작하였다. 수세기에 걸쳐 그리스인, 로마인, 이집트인이 혼재하여 살게 되면서 '이집트인'이라는 개념은 점차 복잡한 의미를 지니게 되었다. 그리고 바로 그 경계에 선 사람들이 미라 초상화의 주인공이다.

정복 이후, 이집트는 복합적인 문화 교차로였다. 아우구스투스는 이집트를 완전히 통제하고자 하였으며, 아피스 신 숭배를 거부하며 전통 이집트 문화에 비우호적인 태도를 보였다. 아우구스투스 황제는 이집트를 로마 제국의 영토로 편입시켰고, 이 시기에 "이집트는 정복되었다"는 문구가 새겨진 동전까지 발행될 정도였으니, 당시 로마가 이집트를 바라본 시각을 엿볼 수 있다.

로마 황제들의 엇갈린 시선

모든 황제가 아우구스투스처럼 이집트에 비우호적이었던 것은 아니다. 일부 황제는 이집트에 호의적인 태도를 보였다. 예를 들어, 이시스 숭배는 황실의 지지를 받았다. 또한, 네로 황제는 이집트를 방문하고자 알렉산드리아에 새 목욕탕을 건설하기도 하였으니, 이집트에 대한 상당한 관심을 엿볼 수 있다.

황제로 선출된 베스파시아누스는 로마에서의 첫날밤을 이시스 신전에서 보냈으며, 셉티미우스 세베루스와 카라칼라 황제는 세라피스를 숭배하였다고 전해진다. 아우구스투스 시대와 율리오-클라우디우스 시대 전반에 걸쳐 일부 이집트 신전이 보수되고 새로운 신전이 건설되기도 하였으니, 로마의 지배 아래에서도 이집트의 전통과 종교는 명맥을 유지한 것으로 보인다.

이처럼 미라 초상화는 한 사람의 얼굴을 보여주는 것을 넘어, 이집트가 겪었던 격동의 역사와 그 속에서 살아간 사람들의 다채로운 삶을 증언하고 있다. 이제 초상화 속 인물들의 삶의 모습에 다가가 본다.

파피루스, 일상의 속삭임을 담다

한 시대의 진정한 모습은 거대한 기념물이나 위대한 지도자의 이야기가 아닌, 소소한 사람들의 일상에서 발견된다. 역사적으로 큰 사건들이 영향을 미쳤겠지만, 이들의 삶은 아침에 일어나 식사하고, 아이를 돌보며, 아픈 가족을 걱정하고, 결혼하며, 편지를 쓰고, 지인의 죽음을 슬퍼하며 신을 숭배하고 이웃과 담소를 나누는 소소한 순간들로 채워졌다.

이들 중 부유한 사람도 있었겠으나, 대부분은 농부, 노동자, 군인, 직공, 석공처럼 로마 제국 변방에서 지극히 평범한 삶을 살았다. 그리고 대다수는 이집트의 오랜 전통을 이어갈지, 아니면 새로운 문화를 받아들일지 하는 기로에 서 있었다.

이들의 삶을 엿볼 수 있는 가장 귀한 자료는 바로 파피루스이다. 회계 장부, 신탁 요청, 결혼 계약서, 쇼핑 목록, 글쓰기 연습장, 편지나 유언장까지. 수많은 문서 덕분에 그들의 목소리를 바로 옆에서 듣는 듯한 생생함을 느낄 수 있다. 이런 문서들은 로마의 다른 어떤 지방에서도 찾아볼 수 없는 자료이므로, 당시 이집트 사람들의 일상생활을 매우 가깝게 들여다볼 수 있게 해준다. 파피루스를 읽다 보면 사람들의 불안, 고통, 기쁨 같은 다양한 감정까지 고스란히 느껴진다.

도시와 마을 유적지에서는 파피루스뿐만 아니라 오스트라카(도기 파편에 쓴 글)도 다수 발견되었다. 1870년대 후반에는 카이로의 유물 시장에 파피루스가 대량으로 등장하였는데, 대부분 오스트리아로 넘어갔다고 한다. 1895년부터 12년간 옥스퍼드 대학의 그렌펠과 헌트 팀은 카이로에서 남쪽으로 200킬로미터 떨어진 옥시린쿠스에서 방대한 양의 파피루스를 발견하였다. 그들은 파피루스를 보관할 상자를 만들고자 인부를 고용하였는데, 10주 동안 일해도 그 양을 다 감당하지 못할 정도였다. 발견된 파피루스 중 가장 긴 것은 세무 기록인데, 무려 6,000줄이 넘었다.

잠시 시선을 돌려, 경이로운 옥시린쿠스 유적지로 떠나본다.

고대 쓰레기더미에서 건져 올린 이야기
– 옥시린쿠스와 파피루스

로마 시대 이집트에서 가장 많은 파피루스가 발견된 도시는 옥시린쿠스이다. 이름은 날카로운 코를 가진 물고기에서 유래하였으며, 지금은 바나사라고 불리는 이곳은 카이로에서 남쪽으로 약 200km 떨어져 있다.

1798년 프랑스인 비방 드농이 이곳을 방문하였을 때, 옥시린쿠스는 이미 잊혀진 마을이었다. 허물어진 모스크 주변에는 쓰레기 더미가 수북이 쌓여 있었다. 드농은 그 쓰레기더미 밑에 무언가 묻혀 있을 것이라 직감하였으나, 아쉽게도 당시 발굴하지는 않았다.

약 100년 뒤, 두 명의 영국 학자, 그렌펠과 헌트가 삽을 들고 이 쓰레기더미를 파기 시작하였다. 그리고 엄청난 양의 파피루스가 쏟아져 나왔다. 마치 고대 쓰레기더미에서 흘러나온 폭포수 같았다.

파피루스는 원래 보관하려고 남겨둔 것이 아니었다. 대부분 버려진 것들이었다. 집을 버리면서 바닥에 남겨졌거나, 무덤에 묻히거나, 쓰레기처럼 버려진 것이다. 완전한 상태로 남은 파피루스는 드물고, 사막의 거센 바람과 벌레들로 인해 손상된 것도 많았다.

하지만 그 속에는 예수의 말씀, 고대 문학, 정부 문서, 개인 편지, 계약서 등 다양한 문서가 있었다. 그들의 삶을 생생하게 들여다볼 수 있는 것은 모두 이 파피루스 덕분이다.

그렌펠과 헌트는 그리스어에 능통하였으며, 파피루스 해독에도 뛰어났다. 그렌펠은 원래 경제학자가 되려다 파피루스에 매료되어 방향을 틀었다. 발굴은 새벽부터 일몰까지 쉴 새 없이 진행되었고, 최대 10미터 깊이까지 파기도 하였다. 그러나 도난 사건도 많았다. 200명에 달하는 현지 노동자 중 일부는 파피루스를 몰래 빼돌리기도 하였다.

그렌펠은 한 편지에서 "자금이 충분할까?"라며 걱정을 표하였다. 이에 그는 강연을 열어 발굴 자금을 마련하였다. 그렌펠은 1926년에, 헌트는 1934년에 사망하였는데, 그때까지 출판된 옥시린쿠스 파피루스 관련 책의 수는 무려 17권에 달했다. 첫 번째 파피루스 책이 출판되자마자 대중의 엄청난 관심을 받았고, 한 리뷰는 '옛 세계의 가정 생활'이라는 제목으로 당시 사람들의 일상을 조명하였다. 옥시린쿠스와 그 파피루스들은 일반 독자의 호기심을 크게 자극하였다. 흥미로운 점은 마을 쓰레기 더미에서 발견된 문학 작품 대부분이 오늘날에는 알려지지 않은 작가들의 작품이라는 것이다. 마치 고대의 무명 작가가 2천 년 만에 다시 독자를 만나는 느낌이다.

그렌펠과 헌트는 발굴 경험은 풍부하였으나, 아쉽게도 상세한 발굴 기록은 남기지 않았다. 이후 1922년, 페트리가 옥시린쿠스를 방문하여 고고학 발굴의 중요성을 강조하였다. 또한, 서기 2세기로 추정되는 극장을 부분적으로 발굴하였는데, 이 극장은 무려 12,500명이나 수용할 수 있었다. 지금은 돌 채석장처럼 보이지만, 과거에는 사람들로 가득했던 문화 중심지였다.

서기 2세기 기록에는 극장 운영비 기록이 남아있고, 3세기 문서에는 극장 경비원을 언급한 부분이 있다. 4세기에는 옥시린쿠스 최고 행정권에게 제출된 다양한 보고서에 극장이 보수되고 있었다는 내용이 나타났다.

파피루스에 따르면 마을에 궁전이 있었다고도 하는데, 아직 발견되지 않았다. 파피루스 덕분에 옥시린쿠스의 따뜻한 목욕탕 거리, 데메테르 신전, 디오니소스 신전, 맥주 가게, 하드리아누스 신전까지 엿볼 수 있다. 옥시린쿠스에는 교회가 무려 12곳이나 있었으니, 당시 종교 생활이 얼마나 활발했는지 알 수 있다. 하지만 안타깝게도 옥시린쿠스에서는 고고학 유적이 거의 발굴되지 않았다.

옥시린쿠스를 언급한 그리스어 파피루스의 마지막 날짜는 서기 644년경이다. 7세기 후반부터 9세기까지 옥시린쿠스에서 파피루스를 찾아볼 수 없다. 서기 644년에도 옥시린쿠스는 번영한 도시였기 때문에, 도시의 붕괴는 알렉산드리아가 반란에 가담했던 서기 645년과 관련이 있을 수 있다.

살아남은 수많은 물고기 청동 유물은 도시의 풍요로움을 증명한다. 당시 사람들은 물고기를 신성시했다고 한다.

플루타르코스는 옥시린쿠스와 키노폴리스에서 벌어진 분쟁을 기록하였는데, "옥시린쿠스 주민들은 개고기를 잡아먹었고, 이는 키노폴리스 주민들이 물고기를 잡아먹었기 때문입니다."라 하였다. 이로 인해 분쟁이 발생하였고, 로마 당국에 의해 질서가 회복되었다고 한다.

이런 이야기를 들으면 호기심이 생긴다. 과연 옥시린쿠스는 단지 로마 제국의 변방 마을이었을까? 이곳에서 발견된 파피루스들은 정말 이집트 전체를 대표할 수 있을까? 아니면 단지 지방 변방의 기록이었을까?

옥시린쿠스는 파라오 시대에 상이집트의 19번째 노메로 알려져 있었고, 그리스-로마 시대에는 옥시린쿠스 노메로 불렸다. 옥시린쿠스는 분명 더 넓은 지역과 밀접하게 관련되어 있었을 것이다. 그저 그런 시골 마을은 아니었다.

19세기와 20세기 초반에는 거의 인구가 없었던 옥시린쿠스는 현재 약 5만 명이 거주하며, 로마 시대처럼 생기 넘치는 거리가 오늘날에도 펼쳐지고 있다.

지금 이 도시도 먼 미래에는 누군가의 연구 대상이 될지도 모른다. 고대의 쓰레기더미에서 사람들의 일상이 드러나게 될 줄 누가 알았을까?

말은 그리스어, 주인은 로마… 이집트는 누구의 것?

고대 이집트라고 하면 상형문자부터 떠올린다. 하지만 헬레니즘 시대 이후로는 동지중해 지역의 공용어가 그리스어였다. 이집트어와 그리스어가 널리 함께 쓰였다. 라틴어는 로마 제국의 언어였으나, 실제로는 주로 군대에서만 사용되었다. 일상생활이나 행정, 문서 작성에는 보편적으로 그리스어가 사용되었다.

그래서인지 파피루스를 보면 대부분 그리스어로 적혀 있다. 특히 계약서나 공문서에는 황제의 재위 연도와 날짜가 적혀 있어, 오늘날 연구자들이 그것을 단서 삼아 시대를 추정할 수 있는 유용한 자료다.

그런데 로마 시대 이집트의 삶이 헬레니즘 시절과 크게 달랐던 것은 아니다. 도시 풍경이나 일상은 비슷하였으나, 농민들의 삶은 훨씬 힘들어졌다. 로마인들은 이집트를 훨씬 더 효율적으로 착취하였다. 황제의 허가 없이는 로마의 원로원이나 기사들(에퀴테스)조차 이집트 땅에 발을 들여놓을 수 없었고, 황제가 직접 이집트 총독을 임명하였다. 이집트 총독들은 평균 3년 정도 그 자리에 머물면서 로마로 곡물을 무사히 조달하는 것이 가장 중요한 임무였다.

행정 구역도 흥미롭다. 이집트에는 아주 오래전, 고왕국 시절부터 노메라는 행정 단위가 있었다. 헬레니즘과 로마 시대에도 그대로 유지되었다. 아우구스투스 시대의 여행자였던 디오도루스와 스트라보는 이집트에 36개의 노메가 있었다고 주장하고, 그보다 나중인 베스파시아누스 시절의 대 플리니우스는 47개라고 하였다. 시대에 따라 조금씩 달랐던 것으로 보인다.

노메의 수도에서 옆 노메 수도까지는 평균 40km 정도였고, 대부분의 마을은 반나절 정도면 이동이 가능하였다. 큰 도시로 가려면 조금 더 걸렸을 것이다. 서기 4세기쯤에는 노메 하나에 100개가 넘는 마을이 있었다고 하니, 생각보다 정교한 행정 체계였다.

이 시대에 자주 등장하는 직업 중 하나는 바로 당나귀 운전사이다. 이들은 편지를 전달하는 전문가였다. 당시에는 우편 시스템이 없었으므로, 이런 사람들 덕분에 문서나 편지가 오갔다. 파피루스에 이름이 종종 나올 정도라면, 꽤 중요한 역할을 맡았을 것이다.

나일강의 리듬에 맞춰

고대 이집트인들에게 1년의 시작은 7월 19일이었다. 시리우스라는 별이 다시 하늘에 떠오르는 시기였기 때문이다. 그 무렵 나일강이 범람을 시작하였고, 이는 곧 새로운 농사의 시작을 의미하였다. 그렇게 자연의 리듬에 맞춰 해가 바뀌었다.

하지만 2,000년 동안 나일강 물줄기가 조금씩 동쪽으로 옮겨갔다. 이 변화 때문에 몇몇 마을은 강제로 버려지기도 하였고, 고대 유적지가 사라진 경우도 있었다. 자연은 이렇게 사람들의 삶에도 큰 영향을 주었다.

이집트의 날씨는 생각보다 만만치 않았다. 여름에는 38도까지 올라가는 날씨가 몇 달씩 지속되었고, 강한 바람과 모래 폭풍이 자주 불었다. 하지만 겨울에는 그렇게 춥지 않았다. 영하로 떨어지는 일은 거의 없었다.

사람이 정말 많았던 나라, 이집트

헬레니즘-로마 시대의 지중해 세계에서 이집트는 아마도 인구가 가장 많은 지역이었을 것이다. 대표 도시인 알렉산드리아는 프톨레마이오스 시대부터 이미 50만 명 정도가 살았을 정도로 대도시였다. 길도 잘 닦여 있었고, 도서관도 있었으며, 항구 덕분에 무역도 활발했다.

서기 75년, 유대 역사가 요세푸스는 당시 이집트 인구가 알렉산드리아를 제외하고도 750만 명이라고 주장하였다. 오늘날 학자들은 다소 과장된 수치라고 여기지만, 그래도 그 숫자가 최대치에 가까운 것은 맞는 듯하다. 대부분의 사람들은 농사를 짓거나, 시장에서 물건을 팔거나, 서비스업에 종사하였다.

인구조사도 체계적으로

프톨레마이오스 왕조 시절에는 매년 인구를 갱신하였다. 하지만 로마가 들어서면서 상황이 달라졌다. 아우구스투스 황제는 14년 주기로 인구조사를 실시하였고, 등록하지 않으면 벌금이 부과되었다.

흥미로운 점은 대도시의 인구조사 문서에서 아들보다 딸이 많은 경우가 단 두 건밖에 없었다는 것이다. 당시에는 아들이 가업을 이어간다고 여겨졌기 때문인지, 가족 등록에서 아들이 많이 강조되었다. 서기 216년의 한 인구조사 보고서에는 아버지가 두 아들을 나열하고 "글자를 배우고 있다"고 덧붙인 기록도 있다. 이 당시 평균 수명은 15세에서 30세 미만이었고, 전체 인구의 4분의 1 정도만이 35세 이상이었다.

얼굴은 있는데, 이름은 어디 갔을까?

천 점이 넘는 미라 초상화가 남아 있으나, 그중에 이름이 알려진 것은 겨우 25점 뿐이라 안타깝다. 고대 이집트인들에게 이름은 단지 호칭이 아니라 영원한 생명을 가능하게 하는 열쇠였다. 누군가 당신의 이름을 부르면, 당신은 다시 살아날 수 있다고 믿었기 때문이다.

하지만 대부분의 초상화는 얼굴만 남았고, 이름은 사라졌다. 이름이 사라졌다는 것은 그들의 존재도 점차 잊혀졌다는 뜻이다. 그럼에도 파피루스 덕분에, 그 시대 사람들의 정체성과 삶의 일부를 다시 떠올릴 수 있다.

나는 그리스인이자, 로마인이자, 이집트인입니다

헬레니즘 시대 이후에는 이집트인과 그리스인의 혼혈이 흔했다. 문화도, 언어도 섞였다. 군인이자 역사가였던 암미아누스 마르켈리누스는 당시 이집트 사람들을 "피부는 어둡고, 다툼을 잘 한다"고 다소 거칠게 표현하였으나, 로마인의 묘사를 곧이곧대로 받아들이지는 말자.

고위 관직에 오르려면 그리스어는 필수였다. 한 파피루스에 어머니가 아들에게 보낸 편지가 있는데, "네가 이집트 문자를 배운다는 소식에 모두 기뻐했단다."라고 쓰여 있어 전통 교육을 바라는 기대와 기쁨이 전해진다.

하지만 당시 문맹률은 상당히 높았고, 글을 읽을 수 있는 사람도 대부분 소리 내어 읽는 방식이었다. 한 파피루스에는 이런 문장이 나온다. "이 편지를 읽는 당신이 누구든, 이 여성들에게 편지 내용을 꼭 알려주십시오." 문자를 읽고 말해주는 사람이 동네마다 필요했던 것이다.

이름 속에 담긴 복잡한 정체성

로마인과 그리스 시민은 높은 지위를 가졌고, 나머지 인구는 재분류되었다. 스스로 그리스인이라고 생각했던 많은 사람이 이집트인으로 분류되기도 하였다. 자신을 동시에 그리스인이자 이집트인이라고 생각했다고 상상하는 것은 무리가 아니다. 언어가 여전히 문화와 민족을 구별하는 기본적인 요소였지만, 파이윰의 노파이우스 네소스 마을 파피루스에 따르면 327명 중 313명이 이집트어 이름을 가졌다. 남성은 주로 그리스어 이름을 선택하였고 여성은 일반적으로 이집트어 이름을 사용하였다.

이름 짓는 방식은 생각보다 꽤 복잡했다. 예를 들어, 자식에게 이시스의 선물이라는 뜻을 담고 싶었다면,

- 페티에스는 전통적인 이집트 이름이고,
- 피테이시스는 형태상으로는 이집트어 같지만 사실상 그리스어 이름이며,
- 이시도로스는 아예 명백한 그리스어 이름이다.

이렇게 이름으로 민족성이나 정체성을 파악하는 것은 위험한 일이다. 그리스어를 사용하는 대부분의 주민이 자신을 그리스인과 이집트인 모두로 여겼다고 결론 내리는 것이 합리적이다. 파피루스에 따르면 많은 사람이 그리스어와 이집트어 두 가지 이름을 가지고 있었다는 사실이 입증된다. 종종 그리스어 이름은 공식적인 직무에 사용되었으나, 이집트 이름은 사적인 맥락으로 사용되었던 것 같다.

암몬의 딸 클라우디아네의 초상화, 보자르 미술관, 디종,
GA 5. © Musée des Beaux-Arts de Dijon.

초상화 속 수수께끼의 문구 – '내가 서명했다'

예를 들어, 어떤 초상화에서는 "카시아누스 헤라클리데스의 자유인 유티케스, 헤라클레이데스의 아들, 에반드로스의 아들, 내가 서명했다." 같은 문구가 발견되기도 한다. 여기서 "내가 서명했다."는 대체 무엇을 의미할까?

몇 가지 가능성을 생각해 볼 수 있다.
- 그림이 완성되었음을 알리는 서명일 수 있다. 화가가 그림을 다 그렸다는 표시일 수도 있고, 아니면 초상화의 주인공이 자신의 그림이 만족스럽게 완성되었음을 확인하는 의미일 수도 있다.
- 자유인이라는 말이 나오는 것을 보면, 노예에서 해방되었다는 사실을 기념하며 남긴 글일 수도 있다. 자신의 새로운 신분을 세상에 알리고 싶은 마음이었을까?
- '서명하다'라는 동사가 '경의를 표하다'로도 번역될 수 있다고 한다. 그렇다면 초상화를 제작하는 데 들어간 비용을 지불했다는 의미로 사용되었을 가능성도 있다. 일종의 영수증 역할을 한 셈이다.

헤르미온느 선생님의 미스터리

또 다른 초상화에서는 어깨 위에 그리스어 문법 선생님 헤르

유티케스의 초상화, 메트로폴리탄 미술관, 뉴욕, 18.9.2. © Metropolitan Museum of Art.

미온느라고 번역될 수 있는 비문이 새겨져 있다. 여기서도 해석의 여지가 생긴다.

- 헤르미온느가 그리스어 문법을 가르치는 선생님이었다는 뜻일 수 있다. 당시 교육자로서의 자부심을 표현한 것일까?
- 하지만 꼭 직업이 선생님이 아니더라도, 문법 선생님이라는 말이 그녀가 그리스어를 능숙하게 읽고 쓸 줄 아는, 즉 지식인이었다는 능력을 반영하는 비문일 수도 있다.

이렇게 미라 초상화에 새겨진 짧은 비문은 당시 사람들의 삶과 사회적 맥락을 엿볼 수 있는 귀한 단서가 된다. 다만, 해석의 여지가 많아 그만큼 더 매력적이다.

세금 혜택에 땅까지! - 황제의 선택을 받은 도시들

로마 시대 이집트 땅에 선택받은 도시가 있었다. 알렉산드리아, 나우크라티스, 프톨레마이오스, 안티누폴리스. 이 네 도시는 이집트 다른 곳들과는 달랐다. 이곳에 정착한 사람들은 많은 특권을 누렸는데, 세금도 적게 내고 더 많은 땅을 가질 수 있었다고 한다. 당연히 그리스 전통을 따른 멋진 건물들도 이

헤르미온느의 초상화, 거턴 칼리지, 케임브리지,
LR.1. © Girton College.

네 도시에 많이 세워졌다.

가장 먼저 등장한 것은 나우크리티스였다. 하부 이집트에 있었고, 기원전 7세기쯤 그리스 상인들이 무역을 위해 만든 도시였다. 하지만 알렉산더 대왕이 거대한 알렉산드리아를 세운 후, 나우크리티스는 중요성을 잃고 문헌에도 거의 언급되지 않게 된다. 그러던 도시가 로마 시대에 이르러 이탈리아로 곡물을 집중적으로 수출하면서 다시 한번 무역의 중심지로 부상하였다.

프톨레마이오스라는 도시는 상부 이집트에 세워졌고, 이름에서 알 수 있듯이 프톨레마이오스 왕조와 깊이 관련되어 있다. 문헌 기록은 좀 더 남아 있으나, 실제 유적은 아직 제대로 발굴되지 않았다. 도시 구조는 알렉산드리아처럼 폴리스, 즉 전형적인 그리스 폴리스 스타일이었다.

서기 130년, 하드리아누스 황제가 절친한 친구 안티누스가 죽은 곳 근처에 건설한 도시가 바로 안티누폴리스이다. 중부 이집트에 위치한 이 도시는 하드리아누스 황제의 친그리스 정책과 이집트 동부 지역, 특히 홍해와 연결하려는 로마의 의지가 반영된 결과였을 것이다. 동부 사막에는 화강암, 금, 보석 같은 자원이 풍부하여 로마 시대에 엄청난 관심을 받았다. 이

자원들이 로마로 실려가 황궁을 화려하게 장식하는 데 쓰였으니, 안티누폴리스는 중요한 연결고리 역할을 맡았다.

안티누폴리스는 늦게 세워진 도시임에도 불구하고 그리스 도시로 선포되어 특권을 누렸다. 최고의 농지를 그리스인들에게 부여하고 정착시켰다고 한다. 파이윰에 살던 많은 사람이 이곳으로 이주하기도 하였다. 안티누스를 도시의 수호신으로 모시는 신전까지 세워졌다. 파이윰에서 안티누폴리스로 이주한 이들이 안티누폴리스에서 미라 초상화를 남겼을까?

도시와 시골 – 달랐지만 같은 신앙심

시골 주민들은 이런 대도시 그리스인들처럼 특권을 누리지 못했다. 상부 이집트의 프톨레마이오스 같은 도시는 철저하게 그리스 문화의 도시였을 수 있지만, 파이윰의 속노파이우 네소스 같은 마을은 훨씬 더 전통적인 이집트의 모습을 간직하고 있었다고 한다.

로마 통치 1세기 동안에도 신전은 도시와 마을 생활의 중심으로 굳건히 자리 잡고 있었다. 도시와 마을마다 고유한 수호신이 있었으니, 자연스럽게 지역마다 독특한 종교 문화가 형성되었다. 지역마다 고유한 신들과 시각적인 도상이 있었고, 각기 다른 향으로 신에게 제사를 지냈기 때문에, 향만 맡아도 어떤 신이 그 마을에 봉헌되고 있었는지 알 수 있었다고 한다. 신들은 매년 종교 행렬과 축제에서 함께 모여 도시와 도시를 연결하는 역할도 하였다. 신들의 축제에서 사람들이 테라코타 점토상을 사서 집에서 신을 모셨다. 당시 사람들의 삶에 신앙이 얼마나 깊이 뿌리내려 있었는지 알 수 있으며, 신전이 도시 전체를 지배하는 경우도 많았다.

좁은 골목길 사이에서 이웃과 함께, 신과 함께

마을은 오늘날 우리가 생각하는 것보다 훨씬 더 끈끈한 공동체였다. 마을 주민들은 서로를 잘 알고 있었고, 어려운 일이 생기면 서로에게 의지하며 살아갔다.

여행자가 카라니스 같은 마을을 방문하면, 가장 먼저 눈에 띄는 것은 아마 진흙 벽돌로 촘촘히 쌓아 올린 집들의 풍경이었을 것이다. 거리는 좁고 구불구불했으며, 집들은 좁은 골목길로 복잡하게 얽혀 있었다.

흥미롭게도, 로마 시대에 접어들면서 사제의 수는 꾸준히 줄어들었다. 서기 3세기 이후에는 사제들이 수입을 벌고자 직접 가정을 방문하는 경우가 많아졌다고 한다. 이는 신앙의 중심이 신전에서 점차 개인의 삶 속으로 옮겨가고 있었음을 시사한다.

삶의 나침반, 신탁의 인기

이 시기, 평범한 사람들이 독립적으로 신과 마주할 수 있는 신탁(神託)의 인기는 최고조에 달했다. 서기 3세기부터 신탁은 점차 더 많은 사람들에게 사랑받기 시작했다. 사람들은 비극의 원인을 알고 싶을 때, 중요한 결정을 내려야 할 때, 혹은 그저 영혼의 위안이 필요할 때 신탁을 찾아 도움을 구했다.

숙련된 전문가들이 신탁으로 사람들의 고민을 들어주고 답을 주었을 것이다. 한 어머니가 아들에게 보낸 편지에는 "너를 놓쳤다고 생각하지 마라, 열흘마다 너를 위해 기도한단다."라는 애틋한 말이 담겨 있었는데, 이처럼 신탁은 멀리 떨어져 있는 가족의 안녕을 빌거나 마음의 평화를 얻는 수단이 되기도 하였다.

신탁 속 질문과 답, 그리고 꿈 해몽가

놀랍게도, 당시 사람들이 신에게 던졌던 수많은 신탁 질문과 그에 대한 답지들이 파피루스에 고스란히 남아 있다.

"병을 고칠 수 있을까요?"

"이 사실을 알려주십시오." (무언가 비밀을 묻는 질문이었을 것이다.)

"제우스 헬리오스 위대한 세라피스 신이여, 사라피온이라는 노예를 사는 게 좋을까요?"

신탁에 문의하는 방식도 체계적이었다. 신탁 용어와 설명, 질문 레퍼토리가 각각 번호로 매겨져 있었고, 사람들이 카드에서 적절한 번호를 선택하는 방식이었다. 마치 현대 심리 테스트처럼 느껴진다.

"결혼에 성공할 수 있을까요?" "아이와 화해해야 할까요?" "친구의 도움을 받을까요?" "내 자신을 되찾을 수 있을까요?" "사라진 이가 살아있을까요?"와 같은 질문들은 당시 사람들의 보편적인 고민과 불안을 보여준다. 이처럼 신탁은 삶의 중요한 순간마다 지침이 되고 위안을 주었다.

신탁 외에도, 꿈 해몽가들도 있었다. 이들은 수수료를 받고 사람들의 꿈을 해석해주며 그 꿈에 의미를 부여해주었는데, 이는 미래를 예측하거나 신의 메시지를 얻으려 했던 믿음을 엿볼 수 있게 한다.

마을의 삶은 신앙과 밀접하게 연결되어 있었고, 특히 신탁은 평범한 사람들이 희망과 안정을 찾으려 했던 중요한 수단이었다.

집값도 다르고 층수도 다르고!
이집트 사람들은 어디서 살았을까?

그렇다면 당시 사람들은 어떤 집에서 살았을까? 집 대부분은 햇볕에 말린 벽돌로 지어졌고, 목재는 때때로 골조로 사용되었다. 목재는 언제나 귀했기 때문에 지붕이나 창문에는 제한적으로 사용되었다. 대부분의 집에는 잠금식 문이 있어 재산을 보호할 수 있었고, 창문은 작고 천장 바로 아래에 위치해 빛과 공기를 공급했다. 임대 계약서에는 계약이 끝나면 자물쇠를 다시 반납해야 한다는 내용까지 명시되어 있었으니 당시 생활의 디테일을 엿볼 수 있다.

집값은 어땠을까? 안티누폴리스와 옥시린쿠스 같은 도시의 평균 집값은 1,150 드라크마였지만, 시골 마을은 평균 630 드라크마로 거의 절반 수준이었다. 주택의 규모도 다양했고, 2층으로 된 집이 많았으며 어떤 집은 3층까지 있었다. 당시에도 다양한 주거 형태가 있었음을 보여준다.

집, 그 이상이었던 공간

집은 단지 주거 공간이 아니었다. 그곳은 가족들의 삶이 펼쳐지고, 생계 활동이 이루어지는 작은 세상이나 다름없었다.

옥시린쿠스 파피루스에 그려진 집의 평면도.
© The Oxyrhynchus Papyri Project, Faculty of Classics, University of Oxford.

어떤 집에는 지하실도 있었다고 한다. 흙으로 만든 벽돌은 저렴했지만, 자주 손봐주고 수리해야 하는 번거로움이 있었다. 카라니스 마을의 집들은 보통 2~3층 높이로 지어져 있었다.

집 안뜰에서는 가축을 길렀고, 작은 동물들은 옥상 테라스에서 지냈다고 한다. 돼지, 양, 염소, 거위, 비둘기 같은 동물들이 집 안뜰에서 함께 생활했다. 이집트에서는 아주 오래전부터 집 안에 고양이를 들여 해로운 벌레들을 잡는 데 활용했다. 당시에도 고양이는 중요한 가족이었다.

파피루스 기록을 보면, 당시 어업이 얼마나 활발했는지도 알 수 있다. 서기 31년에 쓰인 한 파피루스에는 개인 소유 연못에서 무려 6,000드라크마 상당의 물고기가 도난당했다고 하소연하는 내용이 담겨 있다. 얼마나 큰 금액이었을지 짐작이 간다. 또 다른 기록으로는 서기 161년에 세 남자가 7개월 동안 연못의 독점 조업권을 얻으려고 180드라크마를 지불했다는 내용도 있다. 물고기 잡는 일이 꽤나 수익성이 좋았던 것 같다.

사람들은 주로 비둘기 고기나 닭고기를 먹었다고 한다. 집 안에서 요리하기도 하고, 날 좋은 날에는 밖에 나가서 요리하기도 했을 것이다.

집은 단지 먹고 자는 거주지 역할만 한 것이 아니었다. 가사 노동은 물론이고, 가축을 기르고 물고기를 잡는 등 여러 가지 생계 활동이 이루어지는 직장 생활의 중심지였다. 삶과 생업이 한 공간 안에서 밀접하게 연결되어 있었던 셈이다.

그들도 우리처럼 살았어요

도시와 마을, 그 속에서 살아간 사람들의 일상을 들여다보면, 삶이 생각보다 풍요롭고 복잡했으며, 문화와 신앙이 일상에 깊이 뿌리내렸다는 것을 알 수 있다. 고대 그리스-로마 시대의 이집트 사람들은 우리와 크게 다르지 않은 삶을 살았다. 사랑하고, 결혼하고, 아이를 낳고, 때론 병에 걸려 아파하고, 또 슬퍼하기도 했다. 그들의 일상을 자세히 들여다보자.

사랑과 결혼 – 첫 만남부터 결혼까지

초상화를 보면, 남성은 여성보다 피부색이 어둡게 표현되는 경우가 많았다. 이는 일종의 예술적 관습이었는데, 남성들이 여성보다 밖에서 시간을 더 많이 보냈기 때문이다. 여성들의 헤어스타일은 특히 유행에 민감하여, 로마 황후의 스타일을 따라 하는 경우가 많았다고 한다. 당시 발행된 동전이나 보석에 새겨진 황제와 황후의 모습을 보고 유행을 알았을 것이다.

결혼은 어땠을까? 여성들은 대부분 10대에 결혼했고, 남성들은 20대 초중반에 결혼하는 경우가 많았다. 여성이 나이 많은 남성과 결혼했기 때문에, 부모나 다른 친척이 결혼을 주선하는 것이 흔했겠다. 예비 신랑은 약혼의 상징으로 반지를 선물하기도 했다.

흥미로운 파피루스도 있다. 어떤 여성 조각상을 만들어 바늘로 꿰뚫으면 여성의 호감을 얻을 수 있다는 내용이다. 실제로 루브르 박물관에 있는 한 조각상에는 몸의 중요한 위치에 13개의 핀이 꽂혀 있었다고 한다. "프톨레마이오스가 사라파몬을 사랑한다."는 문구와 조각상이 항아리 안에 함께 발견되었다. 사랑을 이루기 위한 간절한 노력이 있었던 것이다.

결혼식은 비공식적이었고, 많은 이웃이 참여하는 축제 같은 분위기였다. 10여 점의 결혼식 초대장 파피루스가 남아있는데, 대부분 "내일"로 예정되어 있었고 오후에 열렸다고 한다. "아가토스는 딸의 결혼식인 내일 16일에 시스타치 회장의 집에서 여덟 번째 시간(오후 2시)에 여러분을 초대합니다."라는 편지를 보면 당시 풍습을 엿볼 수 있다. 결혼식은 주로 신부의 친정에서 열렸고, 참석하지 못한 하객들은 "장미 천 송이와 수선화 사천 송이를 보내며 신랑 신부를 사랑한다."는 정성스러운 편지

그리스-로마 시대 이집트 집 모델, 루브르 박물관, 파리,
E 11886. © Musée du Louvre.

를 보냈다.

하지만 파피루스에 로맨틱한 이야기가 많이 담겨 있지는 않다. 편지를 누군가 읽어주어야 했고, 때로는 이집트어로 번역되어야 했기 때문에 개인적인 내용은 대부분 배제되었다. 그럼에도 세레누스가 아내 이시도라에게 보낸 편지는 몇 안 되는 로맨틱하고 사적인 편지 중 하나다. "당신이 나를 떠난 후에 나는 밤에는 울었고 낮에는 애도하며 슬픔에 잠겼습니다."라고 쓰여 있어, 그들의 절절한 사랑을 엿볼 수 있다.

출산과 육아, 신앙의 힘으로 극복하다

결혼한 여성은 보통 1년 이내에 임신을 했다. 가족들은 임신이 지연될 경우 신전에 봉헌상 같은 제물을 바쳤다. 또한, 신의 기운을 흡수하려고 여성이 비석에 손을 문지르는 풍습도 있었다고 한다.

출산을 앞둔 예비 엄마들의 편지도 남아있다. 타이사리온은 세레누스에게 "무 기름 절반을 보내주세요. 제가 출산할 때 필요하니까요. 그리고 연고 한 병도 보내주세요. 안녕히 계십시오."라는 편지를 보냈고, 테트무타스는 필라델피아에 사는 어머니에게 임신 7개월이라는 사실을 알리며 담요와 좋은 양털

4개를 보내달라고 요청했다. "아버지는 어떠세요? 떠나실 때 아프셨으니 안부 전해주세요."라며 가족의 안부를 묻는 모습은 지금과 다를 바 없는 따뜻한 모녀의 마음을 보여준다. 그녀는 출산이 임박했다는 사실에 행복해하며 아이를 기다렸을 것이다.

가정과 출산을 돕는 난쟁이 신 베스는 인기가 많았다. 옥시린쿠스에서 황금으로 만든 베스 조각상이 도난당했다고 하소연하는 파피루스까지 남아있으니, 그 인기를 짐작할 수 있다. 한 파피루스에는 약초와 마법을 이용해 자신만의 피임법을 개발한 여성의 이야기도 나온다.

여성들은 임신 중에도 일을 하고 장거리 여행도 다녔다. 아픈 친척을 보러 가거나 결혼식, 장례식에 참석하기 위한 여행이 잦았기 때문이다. 한 임산부는 남편과 함께 카라니스에서 누비아까지 여행하기도 했다고 한다.

안타깝게도 유아 사망률은 높았다. 6명의 자녀를 출산하면 2명 정도만 생존했다. 당시 부모들의 마음고생이 심했을 것이다. 가족들은 신탁 책을 참고해 아이들을 위한 기도를 올렸고, 이시스, 하토르, 타와레트 같은 여성 신들이 출산을 돕는다고 믿었다. 아이의 이름을 짓는 달은 유아의 인생에서 중요한 단계였고, 이름은 문화적 정체성을 드러내는 중요한 요소였다. 개인이 사회의 상위 계층으로 진출하려고 그리스어와 이집트어 이름을 모두 가지는 경우도 흔했고, 서로 다른 민족 사이에 적응하고자 이중 이름을 가졌다고 한다. 아들은 할아버지의 이름을, 딸은 친척의 이름을 따는 경우가 많았는데, 할머니가 자녀의 아이를 클레오파트라라고 짓고 싶다고 한 파피루스도 남아있다. 가족들은 집에 손님을 초대해 아이의 탄생과 이름 짓는 날을 축하하며 기쁨을 나누었다.

고아와 질병, 아이들의 성장

고아도 빈번하게 발생했다. 법에 따르면 아버지는 아이를 팔거나 버릴 권리가 있었다. 부모에게 버려져 쓰레기 더미에서 발견된 아이들은 '둔덕에서 태어난 아이'라고 불렸는데, 이 아이들은 주로 직조공에게 데려가 기술을 익힌 후 주인을 위해 일하게 되었다. 고아, 장애인, 노인은 사회의 관심사였다. 어떤 사람들은 아이들을 노예로 두지 않고 자신의 자녀처럼 키우기도 했다. "아이를 잘 돌봐 주세요. 아이를 낳았는데 남자아이라면 그대로 두고 여자아이라면 버리십시오."라는 섬뜩한 파피루스는 당시의 현실을 보여주면서도, 동시에 아이를 버리지 않고 키운 사람들의 따뜻한 마음을 짐작하게 한다.

이시도라는 남편 헤르미아스에게 아이의 건강을 염려하는 편지를 썼다. "할 수 있는 모든 일을 미루고 내일 오세요. 아이가 아픕니다. 아이는 6일 동안 아무것도 먹지 않아 야위었습니다."라고 애원하는 모습은 자식을 걱정하는 모든 부모의 마음과 같다. 아이를 생각해서 오시리스 뿌리를 보내겠다는 편지도 남아있는데, "내가 아프지만 않았어도 빨리 당신에게 보냈어야 했는데 건강이 좋지 않은 당신의 딸을 생각해서 오시리스 뿌리를 보내겠습니다."라고 쓰여 있다. 오시리스 뿌리는 두통, 콧물에 탁월했다고 한다. 때로는 아이들에게 장난감을 사주고 부적으로 보호하며 치료법을 찾으려 노력했을 것이다.

옥시린쿠스에서 발견된 한 파피루스에는 테온이라는 소년이 아버지에게 보낸 편지가 있는데, 청소년기의 귀여운 반항을 엿볼 수 있다. "알렉산드리아에 저를 데려가지 않으시면 편지도 보내지 않고 안부도 묻지 않고 건강을 기원하지도 않겠습니다. 날 보내줘요. 부탁이에요. 안 보내주면 안 먹고 안 마실 거야." 라며 투정 부리는 테온의 모습은 지금 시대의 아이들과 다를 바 없어 웃음이 나온다.

소년 초상화, 게티 박물관, 말리부, 78.AP.262. © J. Paul Getty Museum.

소년 초상화, 리비히하우스 조각 박물관, 프랑크푸르트,
Inv. 205. © Liebieghaus Skulpturensammlung Frankfurt.
(14세가 되면 땋은 머리를 자름)

미라 초상화 속 아이들의 모습

여자아이의 초상화에서 장신구를 착용한 모습을 종종 볼 수 있는데, 이는 다음 세상에서 성인이 되기를 기원하는 의미를 담고 있었을지도 모른다. 남자아이는 펜던트를 착용하는 경우가 많았고, 여자아이처럼 짧은 포니테일을 하기도 했다. 남자아이가 14세가 되면 말로쿠리아라는 머리카락 제물 의식을 하려고 사춘기가 될 때까지 머리를 땋는 관습이 있었다고 한다. 14세가 되면 사회적 지위를 확인하고 인두세도 감면받았으니, 매우 중요한 통과 의례였을 것이다. 말로쿠리아는 가정에서 큰 축하를 받았고, 부모는 연회를 열고 선물을 주며 아이의 성장을 축하했다.

옷차림에 담긴 사회적 메시지

그리스-로마 시대의 이집트 사람들은 어떤 옷을 입고, 어떤 장신구를 했을까? 특히 미라 초상화에서 그들의 패션과 사회적 메시지를 엿볼 수 있다.

성인 남성은 대부분 흰색이나 염색되지 않은 옷을 입었다. 심플하면서도 깔끔한 스타일이었던 것 같다. 반면 여성의 옷은 훨씬 다양했으나, 대체로 보라색 튜닉을 선호했다. 튜닉 위에

클라비라고 부르는 띠를 착용했는데, 클라비는 로마 세계에서 높은 신분을 상징하는 중요한 요소였다.

처음에는 학자들이 초상화 속 클라비가 실제 계급을 나타낸다고 생각했지만, 지금은 로마 모델을 본뜬 유사 클라비로 해석하는 경향이 있다. 줄무늬 너비에도 일관성이 없다. 클라비 자체가 계급을 명확히 보여주는 것이라기보다, 사회 구성원으로서 소속감을 나타내는 간접적인 메시지를 주었다고 보는 것이 더 타당할 것이다.

여성들의 귀걸이와 목걸이는 시간이 지날수록 점점 정교하고 화려하게 변했다. 서기 1세기에는 단순한 원형 귀걸이나 진주가 달린 귀걸이가 유행했고, 2세기 이후에는 진주나 보석이 달린 후프 귀걸이가 인기를 끌었다. 아마도 당시 유행에 민감했던 여성들의 마음을 사로잡았을 것이다.

흥미로운 사실은 1,000여 점이 넘는 미라 초상화 중 절반 이상이 여성이라는 점이다. 그런데 나이 든 여성의 초상화에서는 장신구를 거의 찾아볼 수 없었고, 젊은 여성보다 덜 여성스럽게 묘사되었다.

당시 60세 이상의 인구는 전체의 5~6% 정도였는데, 주름이나 흰머리를 숨기지 않고 세월의 흔적을 고스란히 보여주는 21

남성 초상화, 게티 박물관, 말리부, **74.AP.11.** © **J. Paul Getty Museum.**

여성 초상화, 맨체스터 박물관, 맨체스터, no. 2266. © Manchester Museum.

노인 초상화 메트로폴리탄 미술관, 뉴욕, 09.181.5. © Metropolitan Museum of Art.

점의 초상화가 남아있다.

이런 초상화들로 유추해 보건대, 장신구는 단순히 멋을 위한 것뿐만 아니라 결혼 상태를 나타내는 상징이었을 수도 있다는 의견도 있다. 당시 남성의 평균 수명이 여성보다 좀 더 높았고 나이 든 여성들이 홀로 된 경우가 많았을 것이며, 이 점이 장신구를 착용하지 않은 이유와도 연결될 수 있다.

고대 이집트의 출판 시장?

옥시린쿠스에서는 오늘날처럼 책을 만들고 읽는 문화가 활발했던 것 같다.

그리스 작가들의 작품들은 자주 복제되었다. 이는 무엇을 의미할까? 바로 책을 사거나 빌려서 필사본을 만들 준비가 된 사람들이 있었고, 그것을 기꺼이 구입할 고객들도 있었다는 뜻이다. 일종의 고대 출판 시장이 존재했던 것이다.

당시 가장 인기가 많았던 작가는 단연 호메로스였다. 파피루스에 이런 내용도 남아있다. "히피크라테스의 희곡 6~7권 사본을 보내주세요. 서점 주인 데메트리오스가 이 책들을 가지고 있답니다." 이것을 보면 옥시린쿠스 안에서 책을 만들고 유통하는 체계가 갖춰져 있었음을 알 수 있다.

예술가들의 수입은 어땠을까?

그렇다면 당시 예술가들의 수입은 어땠을까? 무대 축제 배우들은 무려 496 드라크마를 벌 수 있었고, 호메로스 낭송가는 448 드라크마를 벌었다고 한다. 이것이 얼마나 대단한 액수인지 실감하기 어렵다. 당시 석공이 하루에 4 드라크마를 벌 수 있었다는 것을 생각해 보면, 그야말로 엄청난 수입이다. 지금으로 치면 인기 연예인이나 베스트셀러 작가 정도의 수입을 올렸다고 볼 수 있을 것이다.

공공 축제에서 음악가가 공연을 하기 위한 계약서까지 남아 있다고 한다. 당시 예술가들의 활동이 얼마나 체계적이었고, 또 가치가 높게 평가되었는지 알 수 있다. 이집트 사람들도 예술과 문학을 즐긴 풍요로운 문화생활을 누렸던 것이다.

이집트를 지킨 로마 군인 이야기

미라 초상화 중에는 유독 오른쪽 어깨에 검붉은 칼띠와 벨트를 착용한 군인들의 그림이 20여 점이나 남아있다. 이 남성들 대부분은 로마 군대에 입대했거나 복무를 마친 후 로마 시민권과 같은 혜택을 받은 이들이었다. 파이윰 지역에는 군대가 주둔하지 않았는데, 이 군인들은 어떤 역할을 했을까?

군인의 초상화, 페르가몬 박물관, 베를린, Inv. 31161/6. © Antikensammlung Berlin.

군인의 초상화, 페르가몬 박물관, 베를린, Inv. 31161/2. © Antikensammlung Berlin.

로마는 이집트를 매우 중요하게 여겼고, 그래서 로마 군대가 이집트 곳곳에 배치되었다. 격동기에는 무려 3~4개의 군단이 주둔했고, 평화로운 시기에는 다른 지역으로 파견되기도 했다. 특히 옥타비아누스 황제는 이집트 남부를 통제하기 어렵다고 판단하여, 나일강 계곡에 대규모 군대를 주둔시켰다. 25개 군단 중 3개 군단이 이집트의 전략적 요충지에 진을 치고 보조 부대의 지원을 받았다. 무려 24,000명에 달하는 로마 군인이 이집트에 상주하고 있었던 것이다.

군단들은 각자의 임무를 수행했다. 남쪽 테베에 주둔한 군단은 반란군에 맞섰고, 바빌론(카이로)의 두 번째 군단은 나일강 델타 지역을 방어했다. 알렉산드리아에는 세 번째 군단이 주둔하며 중요한 항구 도시를 지켰다.

하지만 테베에 있던 군단은 서기 23년에 라인강 유역으로 이동하면서 사라졌고, 그 대신 룩소르 인근에 소규모 보병 지원 부대가 배치되었다. 3세기 말 이집트 상황이 불안정해지면서 다시 4개의 군단이 주둔하기도 했다. 전투에서 전사한 군인들은 대부분 주둔지 근처에 묻혔다고 한다.

제대 후 이집트에서 제2의 인생을 산 로마 군인

로마 시민만이 군단에 입대할 수 있었고 복무 기간은 무려 25년이었다. 18세 미만은 입대할 수 없었기 때문에, 군인들은 대체로 나이가 많은 편이었다. 42년 동안 병사로 복무한 사람도 있었고 61세까지 군 생활을 한 이도 있었다고 한다.

이들은 어디에서나 동일한 임금을 받았는데, 이집트의 생활비가 저렴한 덕분에 비교적 좋은 생활을 할 수 있었다. 복무를 마친 후 받는 전역 보너스 덕분에 퇴역 군인들은 편안한 노후를 준비할 수 있었다. 이집트에 온 로마인들 대부분이 바로 이 참전 군인들이었다.

이집트에 주둔하면서 이곳을 자신의 집처럼 여기게 되었고 이집트인들과 결혼해 가정을 꾸렸다. 현지에서 군인을 모집하기 시작한 시기는 하드리아누스 황제 이후부터였다고 한다. 많은 병사들이 현역 복무 마지막 1~2년 동안 제대를 앞두고 미리 살 집을 찾았다. 그들은 퇴직금과 재산을 바탕으로 지역 사회에 영향력을 행사했고, 꾸준히 토지를 구입하여 농업으로 번영을 누렸다. 예를 들어, 가이우스 우리우스 니제르라는 사람은 서기 15년에 47살의 나이로 퇴역해 카라니스에 정착했고, 800 드라크마를 주고 집을 구입했다. 무려 81세까지 살았다고 한다. 성공적으로 정착한 사례라고 할 수 있겠다.

로마 군인도 사람이었다 – 고된 삶 속 인간적인 이야기

아폴리니우스라는 한 로마 군인은 아주 감성적인 사람이었다. 복무를 시작했을 때 부모님에게 여러 번 편지를 보냈고, 젊은 나이에 입대해 아라비아의 새로운 영토로 파견된 군단에 합류했다. 그가 보낸 편지 내용은 당시 군인들의 삶에 대한 귀중한 정보를 제공한다. 열심히 일해야 한다는 이야기와 함께 어머니에게 20여 통의 편지를 보냈는데, 편지에 답하지 않은 어머니를 원망하는 내용도 있었다. 멀리 떨어진 아들의 애틋한 마음이 느껴진다. 페트라에 주둔하면서 부모님에게 진주 같은 고급 선물을 보낼 계획도 세웠다고 한다.

나일 계곡 서부 오아시스 지역은 군사 방어선이자 중요한 무역로 역할을 했다. 오아시스에는 광대한 농경지가 있었고 로마인들은 베두인족이 국경에 접근하지 못하도록 군사 요새를 건설하고 신전도 지었다. 한 요새에서 다른 요새로 이동할 때 안전을 보장하려고 높은 지대에 작고 거대한 탑들을 세워 로마 군인들이 주둔했다. 한 병사는 18개월간 고립된 오아시스 생활을 끝내고 휴가를 기대하는 애처로운 편지를 보내기도 했는데, 고된 삶과 인간적인 면모를 엿볼 수 있다.

서부 리비아 사막의 숨은 보석들

이집트를 여러 번 여행한 사람들에게도 서부 리비아 오아시스는 다소 생소하게 느껴지는 경우가 많다. 파이윰이나 시와 오아시스처럼 화려한 무덤이나 신전이 잘 알려져 있지 않기 때문이다. 하지만 이 오아시스들은 모래 바다 한가운데 서쪽으로 길게 뻗어 있으며, 카이로에서 남쪽의 아시우스, 룩소르로 이어지는 고속도로 서쪽에 바히리야, 파라프라, 다클라, 카르가 오아시스가 줄지어 있다. 이들은 이집트 서부 사막 표면의 무려 69%를 차지하며, 서쪽으로는 리비아와 합쳐지고 수단까지 깊숙이 이어져 있다.

축복받은 섬, 오아시스의 두 얼굴

고대 이집트인들은 오아시스를 가마솥(아우아슈 와슈와 같은 발음)으로 묘사했다고 한다. 그리스어 '오아시스'도 이 단어에서 유래된 것으로 추정된다. 역사가 헤로도토스가 오아시스를 축복받은 섬이라 했던 말이 이해된다. 끝없는 사막에서 만나는 푸른 오아시스가 얼마나 간절하고 소중했을까?

파라오 시대에 오아시스는 포도주 공급처로 중요한 역할을 했다. 아크나톤이 세운 새로운 수도 아마르나에서도 오아시스에서 생산된 와인이 자주 기록되었고, 투탕카멘 무덤에서도 오아시스에서 만든 와인을 담은 토기가 발견될 정도였다.

나일 계곡을 지나는 사막길 중에는 '40일의 길'이라는 무역로가 있었는데, 아시우트에서 카르가 오아시스를 거쳐 수단 서부 지역으로 이어졌다. 당시에는 당나귀가 오아시스에서 주로 사용되었고, 낙타는 프톨레마이오스 시대에 이르러서야 활용되었다고 한다.

흥미롭게도, 서부 오아시스들은 상부 이집트 22개, 하부 이집트 20개로 구성된 노메라는 행정 구역에 통합되지 않았다. 고대 이집트인들에게 서쪽은 매일 저녁 태양이 사라지는 죽은 자의 영역이었기 때문에, 서부 오아시스를 사후세계로 들어가는 입구로 여겼을 법하다.

사막의 수호신, 세트 – 오아시스에서 왜 달랐을까?

서부 오아시스의 독특한 종교적 특징 중 하나는 사막의 신 세트가 나일 계곡에서는 악의 신으로 여겨졌지만, 이곳에서는 자비로운 신으로 묘사된다는 점이다. 매일 사막의 위험과 마주해야 했던 오아시스 주민들에게 세트는 사막의 위험에서 자신들을 보호해 줄 수 있는 최고의 존재였을 것이다. 세트 숭배는 나일 계곡 신전에서는 금지되었지만, 오아시스에서는 악의 세력에 대항하는 주요 수호신으로 굳건히 자리 잡았고, 질서와 농업까지 세트의 보호 아래에 있었다고 한다.

서부 오아시스, 어떻게 발전했을까?
관개 시스템의 발전과 중요성

신왕국 시대에 바흐리야와 파라프라 오아시스가 행정적으로 분리되었고, 투트모세 3세 때 모든 오아시스가 개편되었다. 서부 오아시스의 광범위한 건축 공사는 제3 중간기 사이스 시대에 이루어졌으며, 카르가 오아시스의 히비스 신전은 26왕조 때 건설되었다. 페르시아가 이집트를 지배한 말기 왕조 시대에는 오아시스의 중요성이 더욱 커졌다. 페르시아 제국에 언덕 안쪽의 대수층에서 경작 가능한 평야로 물을 운반하는 수로 시스템이 오랫동안 존재했는데, 이 방법으로 서부 오아시스의 물 공급 및 관개 네트워크가 크게 발전하게 되었다. 페르시아인들이 주도했는지 지역 주민들이 주도했는지는 명확하지 않다.

오아시스 마그나의 한 축,
카르가 오아시스 바깥 영역을 책임지다

카르가 오아시스에 처음 발을 들이면, 이곳이 위대한 오아시스였다는 사실이 쉽게 실감 나지 않는다. 로마 시대에는 다클라 오아시스와 함께 오아시스 마그나라는 이름으로 알려졌다. 뜨겁고 거친 사막 한가운데, 이렇게나 푸르고 조용한 공간이 있다는 게 오히려 신기할 정도다. 카르가라는 이름은 아랍어로 '외부 오아시스'라는 뜻인데, 고대 이집트인들은 여기에 '식물의 도시' 혹은 '남쪽 오아시스'라는 이름을 붙였다.

기원전 3세기부터 오아시스들은 발전했다. 특히 카르가 오아시스의 히비스 주변과 두쉬 주변은 인구 밀도가 높았다. 하지만 대부분은 아직도 사막에 가려져 있어 완전히 탐사되지 않았다. 여전히 오아시스 전체 유적을 파악하기 어렵다.

한때 이곳은 무역의 요충지였다. 기원전 5세기, 그리스의 사모스 섬 출신 사람들이 카르가 오아시스에 도시를 세웠다. 생각보다 훨씬 국제적이고 복잡한 이야기가 숨어 있었던 셈이다. 사막 사이사이로 샘과 야자수 숲이 뚝뚝 끊기듯 이어져 있는 이 함몰 지형 위에서, 낙타 행렬이 수없이 오가며 물건을 실어 나르지 않았을까?

카르가 오아시스의 중심에 히비스 신전이 있다. 여기엔 매의 머리와 날개를 가진 신 세트가 사자와 함께 악의 화신, 뱀 아포

히비스 신전에 묘사된 세트

© Dunand, F., Lichtenberg, R., 2024, *Une population antique. l'oasis de Kharga et ses habitants. Egypte, IVe siècle a.C.-Ve siècle p.C*, p. 221.

피스를 찌르는 장면이 새겨져 있다.

또 중요한 신은 달과 지혜의 신 콘수와 토트였다. 밤에 이동해야 했던 오아시스 사람들에게는 든든한 동행 같은 존재였을 것이다. 사막의 밤은 어둡고 두렵지만, 달빛 아래에서 길을 찾을 수 있다면, 그건 신의 축복이나 다름없지 않았을까?

로마 군대가 카르가 오아시스에 주둔한 진짜 이유

서기 3세기쯤, 카르가 오아시스에는 로마 군대가 주둔하고 있었다고 한다. 사실, 로마 군대가 정말로 이 오아시스에 오래 머물렀는지는 지금까지도 학자들 사이에서 논쟁거리다. 분명한 건, 3세기 후반 이전까지는 이 오아시스에 영구적인 주둔군은 없었다는 것이다.

그럼에도 불구하고, 중요한 길목마다 요새가 세워졌다. 이는 다소 아이러니한 부분이다. 일반적으로 요새는 국경을 지키려고 세우는 것이 보통인데, 카르가에는 그럴 만한 국경선이 딱히 없었다. 그러니 이 요새들도 단순히 외부의 침입을 막는 용도라기보다 다른 목적이 있었던 것 같다.

아마도 요새는 유목 부족의 약탈을 방지하고, 도로를 지키고, 오아시스 주민들을 보호하는 데 있었을 것이다. 당시 사막을 떠돌던 유목민들은 아주 빠르고 치고 빠지는 전술에 능했기 때문에, 오아시스처럼 비교적 안정적인 거주지를 지키려면 일정 규모의 병력이 필요했다.

생각해보면 이런 오아시스를 방치했다가는, 곧 누군가가 쳐들어와 차지해버릴 수도 있었겠다. 그러니 로마도 결국에는 군대를 보내 이곳을 관리하고, 길을 안전하게 유지하려 했던 것이다.

두쉬와 데이르, 카르가 오아시스 묘지의 비밀

남쪽에 위치한 두쉬 묘지에서 무려 769구의 유골이 발견되었고, 그중 357구는 방사선 촬영 연구까지 진행된 정도로 중요한 곳이다. 이 묘지는 서기 3세기에서 4세기에 사용되었다. 북쪽의 엘-데이르 묘지에서도 기원전 4세기부터 서기 4세기에 이르는 997구의 유골이 발굴되었고, 426구가 심층 연구되었다.

이 묘지들에서 발견된 대부분의 미라가 금박으로 화려하게 장식되었다는 점은 이곳 사람들이 얼마나 부유했는지 보여준다. 이는 아마 오아시스 무역으로 인한 결과였을 것이다.

하지만 동시에 슬픈 현실도 드러난다. 어린아이들이 매우 많이 묻혔다는 점이 대표적이다. 데이르의 동쪽 묘지에서는 성인

141명에 어린이 106명, 서쪽 묘지에서는 성인 55명에 어린이 52명이 묻혔다고 한다. 당시 유아 사망률이 얼마나 높았는지 짐작할 수 있다. 부모들의 마음고생이 심했을 것이다.

또 한 가지 의문스러운 점은 여성의 수가 남성보다 훨씬 적다는 것이다. 아직 명확한 설명이 없지만, 혹시 장례식이 워낙 많은 비용을 들였기 때문에 남성에게 우선적으로 혜택이 주어졌거나, 재정적인 문제로 여성의 장례가 간소화되었을 가능성도 생각해 볼 수 있다.

야자수 너머 내부로 – 다클라 오아시스를 만나다

카르가 오아시스가 외부 오아시스라면, 그 맞은편엔 다클라 오아시스라는 내부 오아시스가 있다.

이름부터 뭔가 안쪽 깊은 곳에 숨어 있는 느낌이 든다. 실제로도 그랬다. 교통로로 보나 지리적으로 보나, 카르가보다 더 안쪽 깊숙이 들어가야 다클라가 나온다.

흥미로운 건, 다클라가 과거에는 파이윰 오아시스를 제외하면 이집트 오아시스 중 가장 인구가 많았다는 것이다.

오늘날 다클라의 구시가지 건물들은 대부분 폐허가 되어가고 있다. 골목은 야자수 줄기로 덮여 있고, 길은 구불구불하여

미로 같기도 하다. 무너져가는 벽 사이로 햇살이 스며드는 풍경은 그냥 지나치기에는 아깝다.

다클라 오아시스 북서쪽 끝에는 암헤이다라는 유적지가 있는데, 고대에는 트리미티스라고 불렸다. 그리스어 이름이긴 하지만, 사실은 이집트어에서 온 말이라고 한다. '북쪽 창고'라는 뜻이긴 한데, 왜 그런 이름이 붙었는지는 아무도 정확히 모른다. 누가 무엇을 얼마나 쌓아두었기에 그런 이름이 붙었을까?

서기 4세기쯤에는 이곳에 공중목욕탕이 있었다고 한다. 지금은 사막 한가운데 버려진 유적지지만, 그땐 활기찬 도시였다.

다클라 오아시스의 문화, 그리스 신화와 교육 이야기

옛날 다클라 오아시스에 살던 사람들은 정말 문화생활을 꽤나 즐겼던 것 같다. 세레노스라는 시의회 의원이 살던 집에서 발견된 벽화를 보면, 그것을 단번에 알 수 있다. 벽화에는 기하학 무늬와 식물 모양도 잔뜩 있었고, 그리스 신화 이야기도 가득하다. 오디세우스가 이타카로 돌아와서 발을 씻겨주는 장면, 아프로디테와 아레스가 몰래 만나던 장면, 아폴론을 피해 나무로 변신한 다프네, 페르세우스가 동물을 길들이는 모습까지! 이 벽화를 보면, 당시 사람들의 문화 수준이 높았다는 것을 느낄 수 있다.

　로마 시대 이집트에서는 경마도 인기였고, 운동 경기도 자주 열렸다. 4세기쯤에는 서커스가 한창 유행했고, 종교 축제도 빼놓을 수 없었다. 저녁이 되어 어둠이 내려와도 사람들은 램프를 켜고, 난로 주변에 모여서 이야기꽃을 피우곤 했다.

　그리고 아이들 교육 이야기도 빼놓을 수 없다. 헬레니즘-로마 시대에 아이들은 평균적으로 초등학교에서 약 5년, 문법과 시를 배우는 데 3~4년, 수사학을 배우는 데 2~5년 이상 걸렸다. 암헤이다에 학교가 있었던 것으로 보인다. 벽에 문학 텍스트가 적혀 있어 이곳이 학교임을 알 수 있고, 아이들이 문법 문제를 연습하기도 했다.

　특히 벽에 적힌 오디세이 4권 구절이 눈에 띄는데, 이 부분은 헬레네가 텔레마코스를 접대하는 장면이다. 이 대목이 이집트에서 인기가 많았던 것은, 오디세이 4권이 이집트를 언급해서 그렇다고 한다. 선생님이 '모방하라'라고 쓴 부분도 보이고, 어떤 선생님은 헤라클레스의 탁월함을 얻으라고 조언했다. 학생들 교육에 엄청 신경 썼다는 것을 알 수 있다.

　이렇게 보면 다클라 오아시스에 살던 사람들은 나일 계곡의 사람들과 비교해도 문화나 교육 면에서 전혀 뒤지지 않았다.

세레노스 집에 그려진 벽화. © Wikimedia Commons.

다클라 오아시스의 숨겨진 마을, 켈리스를 아시나요?

다클라 오아시스에 있는 켈리스라는 마을, 들어본 적 있는가? 이곳에 사람들이 서기 1세기부터 4세기까지 살았다. 최근 연구 덕분에 마을 전체 배치, 신전, 교회, 주거지, 묘지까지 그 모습이 하나씩 드러나고 있다. 1980년부터 시작된 다클라 오아시스 프로젝트 덕분에 현대의 이스만트 알-카라브, 즉 옛 켈리스 유적지를 광범위하게 조사할 수 있게 되었다.

로마 시대부터 로마 후기 시대까지 이곳은 켈리스라는 이름

암헤이다에 있었던 학교. © Wikimedia Commons.

으로 불렸다. 19세기 초반부터 20세기 초반까지 몇몇 여행자들이 이 마을을 지나가며 언급은 했지만, 자세한 기록은 많지 않았다. 다클라는 여러 길로 접근할 수 있었는데, 동쪽 카르가에서 오는 세 갈래 길과 북쪽 파라프라를 경유하는 길이 있었다. 서쪽에는 교회 하나, 동쪽에는 4세기에 지어진 교회 두 곳이 있었다.

흥미로운 것은 로마 시대에 켈리스 유적이 늘어났지만, 로마 후기에는 오히려 줄었다는 사실이다. 나일 계곡이나 다른 오아

세레노스 집 벽화 복원 © Wikimedia Commons.

시스에서 사람들이 다클라 오아시스로 이주하도록 장려했을까 하는 의문도 있다. 그리고 카르가 오아시스의 히비스에서 다클라를 관리했던 것 같고, 서기 3세기쯤에는 두 오아시스가 행정적으로 분리되어 모티스 노메라는 행정 구역이 새로 만들어졌다는 기록도 파피루스에서 발견됐다.

켈리스에 살던 부유한 사람들은 암헤이다에 살던 이들처럼 자기 집을 화려한 벽화로 장식했다. 투투 신전에도 멋진 벽화가 남아 있다. 모티스라는 다클라의 노메는 원래 고왕국 시대부터 이집트인들이 살던 곳이지만 지금은 거대한 신전 유적지만 남아있다. 켈리스라는 이름은 농사와 관련된 뜻일 가능성이 크지만, 정확한 의미는 아직 모른다. 마을 서쪽 끝에는 목욕탕도 있었는데, 4세기까지 사용되었지만 언제 지어졌는지는 불확실하다.

켈리스 벽화를 그린 화가들은 단순한 무늬를 주로 사용했는데, 아테나 여신이나 비둘기, 포도송이, 가면 같은 얼굴들이 자주 등장한다. 새 모양은 그리스 제사의 일부였고, 포도 덩굴은 풍요와 재생을 상징했을 것이다. 가면은 알렉산드리아에서 발견된 디오니소스와 관련된 것 같다.

이 벽화들은 암헤이다나 투나 엘 게벨에서 발견된 것들과 닮았다. 투투 신전에는 기하학적인 무늬와 신들 모습이 복잡하게 그려져 있었는데, 이런 벽화들은 오아시스의 특별한 환경 덕분에 지금까지도 남아 있을 수 있었다. 투투 신전은 1세기부터 2세기 초에 지어져서 4세기 중반까지 사용됐다.

그런데 로마 시대 폼페이 스타일 벽화가 이집트 오아시스 한 구석에서 발견되는 이유는 무엇일까? 왜 다른 오아시스에서는 아직 발견되지 않은 걸까? 이런 의문들이 학자들 사이에서 끊임없이 이야기되고 있다.

묘지로 보는 종교적 전환, 켈리스 묘지가 말해주는 것들

켈리스에는 묘지가 있었다. 켈리스1 묘지는 서기 1세기부터 3세기까지 사용됐고, 켈리스2 묘지는 기독교인들이 묻힌 곳이다. 켈리스1 묘지에서는 169명이 묻혔는데, 그중 45명은 미라로 남겨졌다. 미라를 만든 장의사가 그 주변에 살았을지도 모르겠다. 고인들은 빨간색이나 노란색 수의를 입었는데, 꽤나 화려했다. 특히 눈길을 끄는 것은 미라 가면이다. 최소 40점이 발견됐는데, 금박으로 덮인 것도 있고, 금색을 흉내 낸 노란색으로 칠해진 것도 있었다. 카르가 오아시스 묘지에서 새 모양 조각상도 자주 나왔는데, 이것이 오아시스 문화의 특징을 보여준다고 한다. 왜 새 모양 조각을 묘지에 묻었는지, 그 의미를 연구하는 사람들도 있다.

한편 켈리스2 묘지에 묻힌 기독교인들은 좀 달랐다. 무덤에 장례용품을 두지 않았다. 그들에게는 그런 물건들이 필요 없었기 때문이다. 아마 믿음이 달랐기 때문에 그런 차이가 생긴 것 같다.

하지만 켈리스는 서기 4세기쯤 점점 버려지고 잊혀졌다. 작은 마을이지만, 당시 사람들의 생활과 문화를 조금이나마 엿볼 수 있다는 것이 참 신기하다.

황금 미라의 계곡에 가다 – 바하리야 오아시스를 걷다

카이로에서 남서쪽으로 한참 달려가다 보면, 사막 한가운데 푸르른 오아시스가 하나 나타난다. 이곳이 바로 바하리야 오아시스이다. 지금도 약 2만 명이 살고 있는 곳이지만, 이 지역은 수천 년 전부터 이집트인들이 터를 잡고 살았던 유서 깊은 곳이다.

이 오아시스는 예전부터 땅속에 숨겨진 자원이 많았다. 특히 샘이 많고 철광석이 풍부하여, 고대 이집트의 중왕국 시기부터 나라에서 공식적으로 관리하던 지역이었다. 그 유명한 람세스 2세의 기록에도 이곳이 채굴지로 등장할 만큼 중요한 곳이었다. 바하리야는 목축도 하고, 포도주도 수출하고, 농업도 하는 등 정말 번창했던 오아시스였다. 특히 25왕조와 26왕조 시기에는 자체 행정관이 있을 정도로 규모도 컸다.

신들의 축복 아래에서 번영한 오아시스

이집트의 오아시스들은 신들과 깊은 관련이 있었는데, 바하리야도 예외는 아니었다. 이곳에서는 하토르 여신을 '군주의 여인'이라 부르며 특별히 숭배했다. 또 콘수 신과 아문 신도 이 지역의 수호신처럼 여겨졌다.

로마 시대가 되면서는 공공시설들이 더 좋아졌고 번영했다.

흥미로운 것은 그리스 신 헤라클레스도 여기서 중요하게 숭배되었다는 사실이다. 헤라클레스는 '사막의 군주'이자 '국경의 수호자'로 불렸고, 헤로도토스는 이집트의 달의 신인 콘수와 헤라클레스를 같은 신으로 보았다.

이곳에는 알렉산더 대왕에게 헌정된 신전이 있다. 이집트 전역을 통틀어 유일하게 바하리야에만 있다는 점에서, 알렉산더 대왕이 실제로 이 오아시스를 다녀갔을 가능성도 제기되고 있다. 오아시스에서 그의 위업을 기리는 신전이라니, 뭔가 매혹적이다.

사막을 걷던 당나귀, 황금 미라를 발견하다

1999년, 이 고요한 오아시스는 전 세계의 주목을 받게 된다. 계기는 너무도 우연했다. 알렉산더 신전 근처에서 경비병이 당나귀를 타고 지나가다가, 당나귀 다리가 갑자기 땅에 빠졌고, 그 구멍 안에서 미라의 얼굴이 불쑥 튀어나온 것이다. 지각한 경비병을 기다리던 덕분이었다.

바하리야 오아시스의 미라: 고대 이집트의 삶과 죽음

발굴이 시작되면서 총 105구의 헬레니즘-로마 시대 미라가

바하리야 오아시스에서 발견된 미라. © Wikimedia Commons.

발견되었고, 이곳은 '황금 미라의 계곡'으로 불리게 되었다. 그 화려함은 당시 이 지역의 부와 문화를 짐작하게 한다. 이 미라들은 단순히 화려함을 넘어, 당시 사람들의 신분, 취향, 신앙을 보여주는 중요한 단서이다. 일부 여성 미라의 가슴 부분이 도드라지게 표현되어 여성성을 강조하였고, 파라오의 상징이었던 코브라 장식 또한 널리 사용되었다. 가정의 신 베스를 형상화한 도기들이 다수 출토된 것으로 미루어 볼 때, 이 신이 이 지역 사람들에게는 가까운 존재였던 것으로 보인다.

바하리야 오아시스 사람들은 대부분 25세에서 35세 사이에 사망한 것으로 밝혀졌다. 그러나 흥미롭게도 이들의 치아 문제가 상대적으로 적었다. 이는 충치를 유발하는 박테리아 축적을 막는 밀이 주 식단이었으며, 대추야자에 풍부한 식이섬유가 함유되어 있었기 때문이다. 오아시스의 맑은 물과 건강한 식단 덕분에 그들은 비교적 튼튼한 치아를 유지할 수 있었다.

카론의 동전은 어떻게 이집트 오아시스로 유입되었는가?

미라의 손에서 발견된 동전들은 더욱 주목할 만하다. 청동 동전 스무 개가 출토된 미라도 있었는데, 이는 고대 그리스 신화에서 고인이 사후세계로 가기 위해 뱃사공 카론에게 건넸다는 동전 풍습과 관련된다. 원래 이집트에서는 흔한 전통이 아니었으나, 이는 헬레니즘과 로마 문화가 이집트 깊숙한 오아시스까지 전파되었음을 시사한다. 고대 이집트의 특정 텍스트에서도 뱃사공과 함께 고인이 배를 타고 사후세계로 떠나는 내용이 언급되며, 역사가 디오도루스는 심지어 카론이 이집트 출신이었다고 주장하기도 했다. 이러한 동전은 마케도니아에서 기원전 5세기부터 고고학적 증거가 나타나지만, 이집트에서는 기원전 4세기까지는 증명되지 않았다.

이러한 장례 풍습이 카르가 오아시스나 안티누폴리스 묘지에서도 발견된 점을 고려할 때, 문화 교류가 예상보다 훨씬 활발했음을 알 수 있다.

로마 시대 이집트의 동부 사막

나일 강 계곡과 홍해 사이에 위치한 동부 사막은 광대한 산악 지형으로 이루어져 있다. 로마 시대 이집트 동부 사막은 중심지로서 상당한 인구가 거주하였다. 이 지역에는 농업 마을보다는 주로 여행자를 보호하고 물 자원을 관리하기 위한 노동자 가족 수용 시설이 설치되었다. 홍해와 인도, 동아프리카 교역로의 역할을 하며 급속히 발전하였으나, 사막 생활은 계곡의 우물에서 얻은 물과 식량 수입에 전적으로 의존하여야 했다. 동부 사막은 극도로 낮은 강우량과 혹독한 여름 기온으로 유명하였으며, 로마 시대에 활발한 광산 활동으로 번영하였다. 특히 몬스 클라우디아누스와 몬스 포르피리테스는 유명한 채석장으로 알려져 있다. 베레니케는 홍해 연안의 주요 무역 허브 역할을 하였으나, 3세기 중반 베두인들의 활동과 로마 군대의 철수로 인해 전반적인 활동 수준이 감소하였다.

헬레니즘 시대부터 동부 사막은 토기 증거를 바탕으로 발전을 보였음을 알 수 있다. 서기 3세기에 들어서면서 동부 지역의 활동 수준은 전반적으로 감소하였다. 파라오 시대의 집, 신전, 광산은 오랫동안 방치되어 왔으며, 비교적 최근에 본격적인 연구가 진행되고 있다.

현재 로마 시대 요새, 베레니케와 같은 항구 도시, 제국의 광산 복합체 연구가 활발히 이루어지고 있다. 동부 사막에서 발견된 파피루스는 주로 그리스어로 작성되었으며, 로마 군대 유적지에서는 라틴어 파피루스도 상당량 발견되었다. 항구 유적지에서는 다양한 언어로 쓰인 파피루스가 발견되어 당시의 국제적 성격을 보여준다. 특히 오스트라카(도자기 파편에 쓰인 문서)가 대량으로 발견된 반면, 파피루스는 상대적으로 보존 상태가 좋지 않아 살아남지 못한 경우가 많았다.

프톨레마이오스 시대와 헬레니즘의 영향

헬레니즘 시대에는 토기 증거를 통해 동부 사막이 활발히 발전했음을 알 수 있다. 프톨레마이오스 시대에는 주로 사막 남부 지역에 금 채굴 시설을 설립하였으며, 상아 무역도 중요하였다. 동부 사막의 금은 고대 이집트 시대에도 유명하였다. 이집트 동부 사막은 서기 1세기 로마 병합 후 홍해 무역에 대한 관심이 재점화되면서 발전하였다. 후추와 진주 같은 사치품은 지중해 시장에서 높은 수요를 보였다.

포세이디포스의 재발견된 경구와 보석에 관한 시

펠라의 포세이디포스(기원전 310-240년)의 잃어버린 100편이 넘는 경구가 재발견되면서, 프톨레마이오스 왕가에서 보석이 얼마나 중요했는지 알 수 있다. '보석에 관한 시'라는 제목의 첫 번째 섹션에 있는 20편이 넘는 작품은 짧고 매력적인 경구로서 자연과 헬레니즘 이집트 사회를 다루며 장난기 넘치는 복잡한 은유가 담겨 있다. 이는 프톨레마이오스 왕가에서 이국적인 보석에 대한 열광을 실제로 반영하는 것이다.

왕실 찬양과 보석에 새겨진 이미지

프톨레마이오스 1세와 2세를 섬기기 위해 마케도니아에서 알렉산드리아로 온 포세이디포스는 왕실을 찬양하는 수많은 시를 썼으며, 종종 왕이나 여왕을 신과 동일시하였다. 가넷과 자수정과 같은 귀중한 돌에는 왕이나 왕비의 이미지와 신의 속성이 새겨져 있기도 하였다.

알렉산더 정복 이후 그리스 세계의 보석 지식 변화

알렉산더가 동방을 정복하고 인도 북부로 향하는 무역로가 열리면서 그리스에서 희귀한 보석과 여러 돌에 대한 지식이 크게 변화하였다. 이전에는 페리도트, 가넷, 에메랄드, 황수정, 아쿠아마린과 같은 돌은 거의 알려지지 않았다. 흥미롭게도 이러한 보석 중 다수는 고대 이집트에서도 거의 알려지지 않은 것이었다. 이집트에서 발견되는 페리도트와 에메랄드조차도 헬레니즘 시대 이전에는 사용되지 않았다.

헬레니즘 시대 보석의 인기

헬레니즘 시대에 가장 인기 있었던 석류석은 그 이전에는 거의 나타나지 않았고, 작은 구슬의 형태로만 존재하였다. 이집트 중왕국 시대부터 채굴된 자수정만이 이집트의 전통적인 재료이자 헬레니즘 시대의 인기 있는 보석이었다. 인도와 아라비아에서 수입된 특이한 보석에 대한 선호가 갑자기 생겨난 것은 그리스 세계의 확장을 반영하는 것으로 보인다.

니코노에의 꿀빛 보석을 노래한 시

포세이디포스의 시 중 하나는 다음과 같이 노래한다. "요동치는 황야와 돌무더기, 아라비아의 산등에서 흐르는 겨울의 강은 빠르게 바다로 간다." "크로니오스의 손에는 다정한 벌꿀이 새겨진 보석이, 금으로 장식된 니코노에의 가슴을 환하게 밝혀 주는 목걸이, 그녀의 가슴처럼 꿀빛이 그녀의 백옥 같은 피부와 함께 빛난다." 이 시는 니코노에의 하얀 목에 걸린 꿀빛 보석을 표현한 시로, 꿀빛 보석은 황수정일 가능성이 높다. 황수정은 헬레니즘 시대에 사용된 것으로 보이며 그 이전에는 보이지 않았다.

프톨레마이오스 후기 왕실의 보석 외교

프톨레마이오스 통치 말기에 왕실의 권위를 상징하는 인장과 반지가 계속 사용되었다. 왕의 초상화가 새겨진 가넷은 신분의 표시 역할을 하는 왕실 선물로 증정되었다. 로마의 역사가 플루타르코스는 기원전 87년 프톨레마이오스 9세가 로마의 동맹국으로 남기 위한 외교적 시도로 자신의 초상이 새겨진 에메랄드 반지를 로마 장군에게 선물했다고 기록한다. 이런 종류의 보석과 반지는 많이 존재하였을 것이나, 현재 남아 있는 것은 거의 없다.

건축과 석재 산업

서기 1세기 초에 설립된 채석장들은 로마 제국의 건축 프로젝트를 위한 장식용 건축 석재를 공급하였다. 로마의 판테온과 카라칼라 목욕탕 등의 장식에 이곳의 석재가 사용되었다. 몬스 포르피리테스와 몬스 클라우디우스에서 노동자들은 양질의 식사와 목욕 시설, 세라피스 신전 등 정착지다운 모습을 갖추고 생활하였다.

포르피라이트는 짙은 붉은색과 단단한 질감을 가진 반암으로, 몬스 포르피리테스 채석장에서 채굴되었다. 독특한 색상과 견고함 때문에 반암은 로마인들에게 매우 귀중한 자원이었으며, 후에 귀중한 건축 재료로 재활용되었다. 채석장의 정확한 개발 시기는 발견된 비문을 통해 확인할 수 있는데, 서기 18

년 가이우스 코미니우스 루가스가 이곳과 동부 사막의 다른 지역들을 발견했다고 기록하였다. 베레니케와 달리, 이 채석장은 서기 400년경 폐쇄된 후 더 이상 사람들이 거주하지 않게 되었다. 로마 제국 초기 시대에 반암이 제한적으로 사용되었으나, 점차 일반적인 사치품으로 확산되었다. 각 광산은 제국이 관리하였으며, 채석장과 모든 운송 체계는 요새에 주둔한 군대가 조직하였다. 노동력은 노예, 전쟁 포로, 죄수들로 구성되었다. 프톨레마이오스 시대처럼 채석장 개발은 입찰을 통해 선정된 계약자들에게 맡겨졌지만, 채굴된 석재는 국가 소유였다. 따라서 귀중한 석재가 손상되지 않도록 각별한 주의를 기울였다.

교통과 도로망

동부 사막의 산맥이 펼쳐진 남쪽으로는 육로 외에 다른 교통 수단이 없었으므로, 하드리아누스 시대부터 이집트의 안티누폴리스에서 해안을 따라 베레니케까지 비아 하드리아나 도로가 연결되었다. 이 도로는 전반적으로 잘 설계되었으며 오늘날에도 일부 볼 수 있다. 로마인들은 동부 사막의 광산 지역과 나일 계곡 및 홍해를 연결하기 위해 물 저장소, 숙박 시설, 군사 기지가 있는 여러 도로를 건설하였다. 상인들은 다양한 운송 수단을 이용해야 했는데, 대 플리니우스에 따르면 알렉산드리아에서 콥토스까지 나일강을 따라 309마일을 12일에 이동하고, 콥토스에서 베레니케까지는 낙타를 타고 육로로 12일을 더 여행해야 했다. 더위 때문에 대부분의 여정은 밤에 이루어졌다.

베레니케와 국제 무역

베레니케는 프톨레마이오스 왕조의 한 여왕의 이름을 딴 고대 도시로, 기원전 3세기부터 서기 6세기까지 약 900년간 번영하였다. 이곳에는 다양한 민족이 어우러져 살았으며, 이집트의 사라피스 신과 황실에 대한 숭배는 물론 멀리 팔미라에서 온 신들까지 함께 받들어졌다. 로마 시대에 이르러서는 여러 언어가 공존하는 국제적인 도시가 되었고, 인도와 스리랑카에서 온 물건들이 발견될 정도로 광범위한 해상 무역의 거점이었다.

이집트의 홍해 연안은 대부분 항구를 만들기에 까다로운 조건을 가지고 있다. 특히 북풍을 맞고 항해해야 하는 고대 선박들에게는 안전하게 정박할 만한 천연 항구가 드물었다. 그래서 베레니케와 마이오스 호르모스 같은 항구들은 자연 조건을 극복하고 무역을 위해 특별히 개발된 항구였다.

종교와 문화 변화

콥토스는 나일 계곡에서 홍해로 향하는 캐러밴 교통의 요람으로 나일강과 동부 사막 사이 중간 지점에 위치하였다. 콥토스는 로마 시대에 기병 부대의 본거지로 알려져 있으며, 종교적 중심지로서 사막의 신 민을 위한 거대한 신전과 오시리스, 게브, 이시스 신전들이 있었다. 그리스인들에게 판은 동쪽 사막의 신이었고 민과 동일시되었다. 서기 1세기에도 민/판은 계속해서 숭배를 받았다. 그리스-이집트 신 사라피스가 포괄적인 태양 신 제우스 헬리오스 메가스 사라피스 신으로 발전하였다.

이집트 동부 사막은 파라오 시대부터 로마 시대에 이르기까지 역사의 중심지 중 하나였다. 특히 로마 시대에는 광물 자원의 채굴과 홍해를 통한 국제 무역의 핵심 거점으로 기능하였으며, 다양한 민족과 문화가 교차하는 장소였다. 3세기 이후 쇠퇴하기 시작하였지만, 현재 발견되는 풍부한 고고학적 자료들은 이 지역이 차지했던 주요한 위치를 증명한다.

지금까지 고대 그리스-로마 시대 이집트인들의 풍요롭고 복잡했던 삶을 고찰하였다. 그들은 가족을 이루고 때로는 고된 삶을 살았으며, 나아가 나일 계곡에서 멀리 떨어진 오아시스에서도 그들의 일상을 엿볼 수 있었다.

3장

당신은 산 자와 죽은 자의 초상화를 그렸습니다

- 초상화를 그린 화가들

나에게는 망자가 있고 나는 그녀를 떠나보냈다.
그녀가 그렇게 태연한 것을 보고 놀랐다.
죽음의 세계에서 그렇게 편안하고, 그렇게 곧으며,
우리가 알던 그녀와는 그렇게 다른 것을 보고. 이제 너,
너만이 돌아갔구나. 너는 나를 스치고, 선회하고,
무엇인가에 부딪혀서 그것이 너의 소리를 내고
네가 있음을 알리려 하는구나.

- 라이너 마리아 릴케,『친구를 위한 진혼곡』

영원을 담다, 화가의 시선을 따라서

미라 초상화를 마주할 때마다, 그림 속 인물들이 마치 살아있는 듯한 느낌을 받곤 한다. 그들을 그린 화가의 마음이 고스란히 전해지는 듯하다. 그림 속 강렬한 빛은 죽은 이들을 다시 살아나게 하는 것 같고, 그들의 그림자는 저 너머 지하 세계를 유유히 떠도는 듯하다.

그러나 초상화를 그린 화가들이 어떤 공간에서, 어떻게 작업했는지에 대해서는 거의 알려진 바가 없다. 혹 그 초상화에는 옛 견습생이 조심스레 스승의 붓을 따라 하며 흘린 땀과 열정이 여전히 남아있는 것은 아닐까? 안타깝게도 그들에게 직접 물어볼 수는 없다. 이미 오래전에 세상을 떠났기 때문이다. 하지만 그들은 초상화에 영원을 담아냈다.

고대 회화의 기술 - 템페라와 엔카우스틱

고대인들은 나무판에 그림을 자주 그렸는데, 이를 그리스어로는 피나케(πίναξ), 라틴어로는 타벨라(tabella)라고 불렀다. 초기에는 주로 종교적인 용도로 사용되었으나, 부유하고 영향력 있는 사람들은 자신이나 가족의 초상화를 주문하여 집에 걸어두기도 했다.

초상화는 매우 흔한 회화 장르였다. 대 플리니우스는 "패널 그림을 그리지 않은 예술가는 결코 명성을 얻을 수 없었다"고 기록하였는데, 이 말 하나만으로도 그 시대 회화의 중요성이 느껴진다.

당시에는 개성 있는 화가들이 많았다. 제우시스는 빛과 그림자를 환상적으로 다루었으며, 아가타르코스는 원근법의 달인이었다. 파우손은 현실을 있는 그대로 담아내는 사실주의로, 파르하시오스는 감정을 섬세하게 표현하는 능력으로 명성을 떨쳤다.

플리니우스의 기록에 따르면 니시아스는 엔카우스틱(encaustic) 기법을 사용하였다. 이는 '색을 구워 넣다'는 뜻을 가진, 뜨거운 왁스 안료를 이용하는 독특한 방식이다. 오늘날 미라 초상화로 잘 알려진 작품들 또한 대부분 이 기법과 템페라(tempera)를 함께 사용했다고 한다. 최근 연구에 따르면 두 기법을 혼합하여 사용하는 경우가 흔했다.

엔카우스틱은 쉬운 기술이 아니었다. 정밀함은 물론, 속도 또한 요구되었다. 녹은 왁스가 굳기 전에 붓질을 마쳐야 했기 때문이다. 화가는 세스트럼(cestrum)이라는 특수 도구를 가열하여 색을 바르고, 세부 묘사를 하고, 형태를 성형하였다. 카스테리움(casterium)은 주걱처럼 생긴 도구였으며, 페니실룸(penicillum)은 붓을 의미한다. 때로는 달걀을 코팅제로 발라 그림에 광택을 주고 보호하는 역할을 하기도 했다.

흥미로운 점은 당시 작가들이 미라 초상화에 대해 언급하지 않았다는 것이다. 그 이유에 대해서는 여전히 의문이 남아 있다.

붉은색 안료의 경우, 일반적으로 사용된 것은 붉은 황토로, 산화철 적철광을 주성분으로 하여 선사시대부터 회화에 활용되었다. 진사는 수은 황화물로 만든 주황빛 적색 안료로 매우 값비싼 재료였으며, 스페인 알마덴에서 이집트로 수입되었을 가능성이 높다. 적색 납과 레알가 같은 비소 황화물 안료도 사용되었지만, 독성이 강하고 빛에 민감한 특성을 가지고 있다.

황색 안료로는 주로 황토가 사용되었는데, 이는 고에타이트 광물이 함유된 점토로 구성되어 있다. 오르피먼트라는 비소 황화물 안료도 있었는데, 금과 닮은 밝은 노란색 때문에 '금색 안료'라고 불렸지만 독성이 강했다.

파란색 안료 중 가장 중요한 것은 이집트 블루이다. 이는 칼슘 구리 사규산 화합물로 만든 최초의 인공 안료로 추정되며, 기원전 3300년경부터 사용되기 시작했다. 단독으로 사용되거나 다른 안료와 혼합하여 다양한 색조를 만드는 데 활용되었으며, 심지어 머리카락이나 피부색 표현에도 사용되었다. 하지만 중세 초기에 사용량이 줄어들어 거의 사라졌다가, 1815년 영국의 화학자 험프리 데이비에 의해 제조법이 재발견되었다.

녹색 안료는 셀라도나이트와 글라우코나이트라는 점토 광물로 만들어진 안정적인 안료였다. 말라카이트 같은 구리 기반 녹색 안료도 있었지만 퇴색되기 쉬웠다.

검은색과 흰색 안료의 경우, 검은색은 주로 나무 등 유기물을 탄화시켜 만든 카본 블랙이 사용되었고, 흰색은 석고, 방해석, 납백색 등이 활용되었다.

흥미로운 점은 고대 화가들이 매우 정교한 색채 혼합 기법을 사용했다는 것이다. 예를 들어 보라색은 붉은 안료와 이집트 블루를 혼합해서 만들었고, 녹색은 황색과 청색 안료를 섞어서 표현했다. 미라 초상화가 뛰어난 예술성을 보여줄 수 있었던 것은 다양한 안료를 조합하여 풍부한 색상 팔레트를 구현했기 때문이다.

왜 항상 고개를 돌리고 있을까?

여러 점의 미라 초상화를 살펴보면, 공통적으로 비슷한 느낌을 받는다. 대부분의 얼굴이 비슷한 방향으로 고개를 살짝 틀었고, 어깨와 머리도 함께 약간 회전한 자세를 취하고 있다.

얼굴의 비율 또한 유심히 보면 일정한 경향을 보인다. 헤어라인, 눈, 콧구멍까지 간격이 잘 맞아떨어진다. 그러나 양쪽 눈은 실제보다 더 크게, 입은 오히려 작게 그려져 있어 눈이 먼저 시선을 사로잡는다. 이에 맞춰 눈썹, 아랫입술, 턱 또한 조금 위쪽에 배치되곤 한다.

미라 초상화 속 얼굴이 약 15도 기울어져 있는 경우가 많다는 사실은 흥미로운 추측을 가능하게 한다. 혹 이것이 장례식에서의 사용을 암시하는 증거일까? 얼굴을 15도 기울임으로써, 장례식에 참석한 사람들이 고인과 마치 눈을 맞추는 듯한 느낌을 받을 수 있었을 것이다.

화가의 작업실 엿보기 – 엔카우스틱 기법의 비밀

화가들이 어떻게 이러한 초상화를 그렸는지에 대한 궁금증은 흑해 연안 북부 케르치에서 발견된 1세기 석관에 그려진 그림을 통해 일부 해소될 수 있다. 그림 속 화가는 뜨거운 안료를 데우고 있으며, 완성된 초상화 세 점이 벽에 걸려 있다. 화가는 한쪽 다리를 뻗고 앉아, 오른손에 끝이 벌어지고 구부러진 도구를 쥐고 원통형 난로 불꽃으로 가열한다. 옆에는 팔레트가

이집트 미라 초상

케르치 석관 그림,
에르미타주 박물관,
상트페테르부르크,
П.1899-81.
© Hermitage Museum.

놓여 있는데, 일부는 붉은색으로 칠해져 있다.

고대 작가 파우시아스에 따르면, 당시 화가들은 다양한 색깔의 왁스를 담을 수 있는 칸막이 있는 큰 상자를 가지고 다녔다고 한다. 나무에 그림을 그린 화가들은 순수한 밀랍으로 따뜻한 색을 도구를 사용해 바른 다음, 다시 데우고 부드럽게 다듬는 방식으로 작업했다. 팔레트가 지지대 위에 놓여 있었다는 것은 아마 색이 차가워지는 것을 방지하려는 의도였을 것이다.

지중해 동부 지역에서는 도시와 시민들에게 존경받는 인물의 초상화를 제작하는 것이 인기가 많았다. 헬레니즘 말기에서 로마 시대 초기부터는 공공 건물이나 개인 주택에도 초상화를 걸어두는 것이 유행이었다.

맞춤형 초상화, 초상화에 담긴 화가와 의뢰인의 대화

테브티니스에서 발굴된 서기 2세기경의 미라 초상화를 보면, 당시 화가들이 어떻게 작업했는지 엿볼 수 있어 흥미롭다. 초상화 속에는 한 여성이 스케치되어 있고, 그 옆에 눈 색깔은 어떤지, 목걸이는 어떻게 생겼는지와 같은 메모가 그리스어로 빽빽하게 적혀 있다. 혹 다른 화가가 이 메모를 보고 그림을 마무리했을까? 혹은 화가가 모델을 실제로 보지 않고, 누군가의 설명만 듣고 작업했다는 의미일 수도 있다.

또 다른 흥미로운 사례는 루브르 박물관에 있는 한 초상화이다. 밑그림은 나이가 들어 보이지만 완성된 그림은 훨씬 젊은 모습이다. 이를 통해 있는 그대로를 그리는 것이 아니라, 의뢰인의 요청이나 화가의 감각에 따라 얼마든지 조정이 가능했음을 알 수 있다.

파피루스가 밝힌 화가들의 일상과 애환

파피루스 문서를 살펴보면, 고대 화가들의 실제 삶이 꽤 구체적으로 드러난다. 예를 들어 아르테미도루스라는 화가는 작업 전에 안료 값을 미리 받았다고 한다. 또한 화가 테오필로스는 안료 가격이 적힌 견적서를 작성해 놓기도 했는데, 이는 재료비 내역서와 같았다.

서기 2~4세기 사이 파피루스 문서들에서 페인트나 기타 재료 구매 내역도 자주 발견된다. 안료를 운반할 때 어떻게 해야 하는지 지침까지 존재했다. 그중에는 예술가가 먼저 돈을 지불하고 나중에 후원자에게 비용을 받는 경우도 있었다. 흥미롭게도 안료에는 관세까지 붙었다고 한다. 예술가의 삶은 쉽지 않았던 것으로 보인다.

초상화 스케치, 허스트 인류학 박물관, 캘리포니아,
6/21378b. © Phoebe A. Hearst Museum of Anthropology.

여성 초상화와 밑그림, 루브르 박물관, 파리,
MNC 1693. © Musée du Louvre.

화가는 평범하게 살았던 것으로 추정된다. 예를 들어, 화가 사비누스는 26세에 세상을 떠났는데, 그의 이름은 석관에 기록되어 있다. 또한 이시도로스라는 화가는 주택 매매 계약의 증인으로 등장하기도 했다. 이들은 도시에 살면서 세금도 냈다. 많은 예술가들이 일거리를 찾아 이집트 곳곳을 여행하기도 했는데, 늘 도구를 가지고 다니며 의뢰를 받을 때마다 임시 작업실을 설치해야 했다. 스승이 제자를 훈련시킨 견습생 등록 기록들도 남아있어, 체계적인 교육이 이루어졌음을 보여준다.

미라 초상화, 얼마나 비쌌을까?

그렇다면 초상화 가격은 얼마나 비쌌을까? 고대 작가에 의하면 미라를 포장하는 데 최대 6,000드라크마가 들었다는 기록이 있는데, 만약 이 가격에 초상화 비용까지 포함되어 있다면 상당한 고가였을 것이다. 그러나 이는 과장된 금액으로 보인다. 서기 1~2세기 세관 관리인이 한 달에 16드라크마를 벌었고, 매장 비용은 일반적으로 100~600드라크마, 가장 비쌌던 옥시린쿠스 매장 비용도 1,500드라크마였다는 점을 고려할 때 그러하다.

목재와 스타일 - 공방별 특징을 엿보다

미라 초상화에 사용된 나무는 대부분 마케도니아나 소아시아에서 수입되었다. 안료가 나무에 흡수되는 것을 막고자 부드러운 나무보다 단단한 나무가 선호되었고, 린든 나무는 얇고 가벼운 패널을 만드는 데 유용했다. 이집트에서는 이러한 특징을 가진 목재가 거의 없었다고 한다. 먼 곳에서 목재를 수입하고 상업적으로 운송할 수 있을 만큼, 당시 이집트의 장례 산업은 수요가 많았음을 알 수 있다. 이집트 나무로 그려진 초상화는 전체의 5분의 1에 불과했다. 가벼운 패널을 만들고자 목재를 수입한 것으로 해석된다. 통나무를 여러 판으로 잘라 동일한 패널을 만드는 것이 쉬웠을지는 의문이지만, 1mm도 안 되는 얇은 패널도 존재했다.

초상화 패널의 형태 또한 지역별 특징을 보여준다. 윗부분이 둥근 패널은 하와라에서, 윗부분 모서리가 잘린 패널은 주로 에르 루바야트에서, 어깨가 드러난 계단형 패널은 안티누폴리스에서 자주 발견된다. 이는 이집트에 여러 공방이 있었을 가능성을 시사한다.

이러한 공방에서 장인과 견습생 그룹이 모델을 공유했을까? 안티누폴리스에서는 벨트를 고정하는 녹색 돌 브로치가 표현

세인트루인스의 화가

왼쪽 초상화 세인트루이스 미술관, 세인트루이스, 128:1951. © Saint Louis Art Museum.

오른쪽 초상화 여성 초상화, 스톡홀름 국립미술관, 스톡홀름, NMAnt 2303. © Nationalmuseum.

브루클린의 화가

왼쪽 초상화 브루클린 박물관, 뉴욕, 41.848. © Brooklyn Museum.

오른쪽 초상화 브루클린 박물관, 뉴욕, 54.197. © Brooklyn Museum.

된 몇몇 초상화가 발견되었다.

에르 루바야트에서 발견된 초상화는 크게 두 그룹으로 나뉘는데, 세인트루이스 화가와 브루클린 화가이다. 세인트루이스 화가의 작품은 주름진 이마, 회색 줄무늬 머리카락, 넓게 칠해진 획, 그리고 엄청나게 긴 코와 비현실적이고 정면적인 스타일이 독특하다. 반면 브루클린 화가는 주로 와인 잔과 화환을 즐겨 그렸다.

안티누폴리스의 화가들은 무려 14개의 그룹으로 나눌 수 있는데, 특히 화가 A 그룹의 특징은 양쪽 눈의 위치이다. 이는 안티누폴리스의 다른 초상화에서는 찾아볼 수 없는 특징이므로, 동일한 화가가 그렸을 가능성이 높다.

테베에서 그려진 그림들 또한 독특한 특징이 있는데, 밑그림들이 모두 흰색 스케치로 그려졌다. 이것은 테베에서 활동한 화가들 사이에서 공유된 관행이었을까? 이처럼 미라 초상화는 지역별 특징을 보여주는 귀중한 단서들을 제공한다.

베를린과 뉴욕 미라 초상화, 닮은 듯 다른 얼굴

베를린과 뉴욕에 있는 두 미라 초상화를 보면, 언뜻 보면 완전히 다른 사람인 것 같지만 자세히 들여다보면 비슷한 점이

두 남성 초상화

왼쪽 초상화 프로이센 문화유산 재단, 베를린,
Inv. 31161/19. © Stiftung Preußischer Kulturbesitz.

오른쪽 초상화 메트로폴리탄 미술관, 뉴욕,
11.139. © Metropolitan Museum of Art.

꽤 많다. 붓질도 닮았고, 색감도 유사하다. 특히 목을 길게 표현하는 자세, 눈 모양도 거의 동일하다. 왼쪽 눈은 둥글고 오른쪽 눈은 길쭉하며, 눈꺼풀 위쪽에 그림자가 짙게 져 있는 것도 똑같다. 입술 또한 윤곽 없이 갈라진 모양이라 유사하다.

그러나 차이점도 존재한다. 뉴욕 초상화는 턱이 뾰족하고 입이 꽉 차 보이면서 다소 우울해 보이는 반면, 베를린 초상화는 입이 작다. 이를 통해 화가가 한 얼굴만 그리는 것이 아니라, 여러 요소를 조합하여 각기 다른 느낌의 얼굴을 창조할 줄 알았음을 알 수 있다.

살아있을 때 그렸을까? 액자 초상화의 단서

미라 패널에 절단면이 발견된다는 점은 초상화가 고인이 생전에 그려졌을 가능성을 시사한다. 고고학자 페트리는 액자에 걸린 초상화를 발견하였으며, 테라코타 조각상에서도 유사한 액자 모델을 볼 수 있다. 액자에 구멍이 뚫려 있는 것은 아마도 그림을 걸기 위함으로 추정되지만, 정확한 이유는 아직도 미스터리로 남아 있다.

나이스코스(Naiskos)를 든 점토상, 루브르 박물관, 파리, E 32666. © Musée du Louvre.

미라 초상화, 실제 얼굴을 담았을까?

19세기에서 20세기 초에는 미라의 붕대를 풀고 검사하는 일이 빈번했으며, 사교 행사에서 미라를 대중에게 선보이기도 했다. 그러나 여기서 중요한 질문이 제기된다. 초상화에 그려진 사람의 성별이나 나이가 실제 미라와 일치했을까?

방사선 검사와 CT 스캔 분석 덕분에 놀라운 사실들이 밝혀졌다.

- 어떤 초상화는 수염이 풍성한 남성이 그려져 있었지만, 실제 미라는 여성으로 판명되었다.
- 헤르미온느의 미라는 20~21세로 추정되어 초상화 속 모습과 놀랍도록 유사했으며, 헤어스타일 또한 동일했다.
- 아르테미도루스의 초상화는 타원형 얼굴을 가졌으나, 실제 미라는 각진 얼굴을 하고 있었다.
- 영국 박물관의 초상화 EA 74713은 운동선수 같은 둥근 얼굴의 여성을 그렸는데, 이는 미라와 놀라울 정도로 유사했다.
- 반면 EA 74818은 어둡고 둥근 얼굴의 남성이었으나, 복원된 미라는 나이가 더 들어 보이며 얼굴 아랫부분이 일치하지 않았다.
- 브루클린의 미라는 무려 89세로 추정됨에도 불구하고 실제 초상화는 젊은 남성을 그렸다.

이러한 사실들을 통해 초상화와 미라가 항상 동일하게 일치하지는 않는다는 것을 알 수 있다. 초상화가 단순히 실제 모습을 담는 것을 넘어, 이상화된 모습이나 고인의 희망을 반영했을 가능성이 제기된다.

시간의 가장자리에서 얼굴을 그리다

화가가 초상화 속 인물의 얼굴을 그릴 때 단지 생전의 모습만을 기록한 것은 아니라는 생각이 든다. 화가의 기억 속에 포착된 피사체의 얼굴은 어쩌면 삶과 죽음이라는 이분법이 아닌, 시간의 가장자리에 서 있는 듯하다. 화가는 죽음 앞에 선 그들의 그림자와 눈의 반짝임을 흔들림 없이 화폭에 담아냈다.

4장

불멸을 향하여

- 신들은 당신에게 영생을 약속합니다

이 노란 장미를 어제 그 소년이 내게 주었다.
오늘 그 장미를 들고 소년의 무덤으로 간다.
꽃잎에는 아직 물방울이 맺혀 있다. 오늘 눈물인 이것.
어제 이슬이었던 것.

- 라이너 마리아 릴케 이 노란 장미를

여성 초상화, 뷔르템베르크 주립박물관, 슈투트가르트,
7.2. © Landesmuseum Württemberg.

이름만으로도 알 수 있는 다문화 사회

"실바노스의 딸 에이레네, 그녀의 어머니는 센프누티스입니다." "아비도스의 위대한 신 오시리스-소카르 앞에서 그녀의 영혼이 영원하기를." 이 비문에는 많은 이야기가 담겨 있다. 흥미로운 점은 미라 초상화에서 발견된 유일한 데모틱(Demotic) 비문이라는 사실이다. 또한 에이레네의 신앙을 보여주는 종교적인 메시지도 담고 있다. 데모틱 필기체는 1세기 전반까지 일상적으로 쓰였지만, 3세기에는 종교적인 용도로만 사용될 정도로 변화했다.

에이레네 가족의 이름을 통해 이들이 살던 사회가 얼마나 다채로웠는지 짐작할 수 있다. 아버지의 이름은 라틴어, 어머니의 이름은 이집트어, 딸의 이름은 그리스어였기 때문이다. 루브르 박물관의 미라 라벨에도 '오시리스-소카르 앞에서 그녀의 영혼이 영원하기를'이라는 문구가 적혀 있는 것을 보면, 여전히 고대 이집트 신들의 영향력이 컸음을 보여주는 대목이다.

그리스와 이집트 신, 함께 죽음을 넘어서다

고대 이집트의 사후세계 개념은 헬레니즘-로마 시대에 이르러 이집트와 그리스 스타일이 혼합된 독특한 장례 문화로 발

미라 라벨, 루브르 박물관, 파리, E 9449. © Musée du Louvre.

전했다. 고인은 그리스 스타일로 그려졌지만, 주변에 이집트 신들이 둘러싸고 있는 모습이 흔했다. 비문은 그리스어나 데모틱으로 쓰일 수 있었고, 이집트 신들은 전통적인 스타일로 표현되었다. 이로 미루어 볼 때, 사후 세계에서 고대 이집트 신들의 힘은 매우 막강했던 것으로 보인다. 죽음은 다른 세계로의 전환이었으며, 이집트 신들은 장례식에서 그리스-로마 신들보다 훨씬 더 중요한 역할을 했다. 그리스인과 로마인들이 화장을 선호했던 반면, 이집트인들은 시신 보존을 중요하게 생각했으니, 이러한 차이 또한 영향을 미쳤을 것이다. 로마인들 스스로도 이집트 문명에 큰 관심을 보였다.

죽음을 안내하는 이집트 신들의 활약

아누비스는 지상과 지하 세계를 잇는 신이자 인간과 신의 중재자였다. 고인의 시신을 미라로 만들고, 오시리스 앞으로 인도하며, 심장의 무게를 측정하는 중요한 역할을 맡았다. 목이나 손에 보이는 열쇠는 그가 길을 여는 자임을 상징한다. 흑요석은 미라 제작 시 옆구리를 절개하는 데 사용되었으며, 흑요석과 홍옥은 죽은 자를 보호하는 기능을 가졌다.

호루스는 오시리스와 이시스의 아들로, 매의 모습으로 묘사된다. 프타와 함께 장례식에서 '입을 여는 행위'를, 토트와 함께 영혼을 변화시키는 행위를 담당했다.

마아트는 영혼의 무게를 재는 역할을 했다.

이시스는 '서쪽의 여주인'으로 불리며 죽은 자를 보호하는 여신이었다. 새의 모습으로 표현된 울음소리는 장례식에서 애도객들의 울음소리를 상징한다. 또한, 아들 호루스를 키우는 모습에서 모성적인 특징도 엿볼 수 있다. 이집트에서는 죽은 자는 모두 오시리스가 될 운명이라고 여겨졌으며, 이는 초상화, 비석, 미라 라벨 등에 새겨진 비문으로 확인할 수 있다.

하토르는 소의 형상으로 생명, 재생, 아름다움을 담당했다. 로마 시대에는 죽은 여성이 오시리스가 아닌 하토르가 된다는 공식이 보편적이었다.

이집트 신화 속 오시리스와 태양신

오시리스와 태양신 라의 이야기는 이집트인들의 세계관을 잘 보여주는 신화이다.

먼저, 오시리스 이야기를 살펴보자. 오시리스는 대지의 신 게브와 하늘의 여신 누트 사이에서 태어난 신이었다. 그러나 비극적이게도 동생인 세트에게 살해당하고 말았다. 세트는 오시리스의 시신을 갈기갈기 찢어 이집트 전역에 흩뿌렸다. 하지만 오시리스에게는 헌신적인 누이자 아내인 이시스가 있었다. 이시스는 오시리스의 토막 난 시신을 찾기 위해 이집트 곳곳을 헤매고 다녔다.

이시스는 동생 네프티스와 함께 오시리스의 죽음을 너무나 슬퍼했다. 그들의 애통한 울음은 마치 새가 구슬프게 우는 소리에 비유될 정도였다. 아누비스가 나서서 오시리스의 몸을 다시 이어 붙이고 미라로 만들었다. 그렇게 오시리스는 다시 살아날 수 있었다.

또 다른 태양신 이야기도 빼놓을 수 없다. 태양신 라는 아침에 떠올라 세상을 비추고, 저녁에는 아툼의 모습으로 저물어 죽음의 세계인 두아트(Duat)로 들어간다. 밤이 지나고 새벽이 다가오면, 태양신은 다시 딱정벌레 케프리(Khepri)의 모습으로 하늘로 솟아오르며 세상을 창조했다.

매일 반복되는 태양이 뜨고 지는 현상은 이집트인들에게 죽음과 부활의 상징이었다.

이처럼 오시리스와 태양신 모두 죽음을 딛고 다시 살아났듯이, 이집트인들은 죽은 사람들도 오시리스처럼 다시 태어나 완전한 존재가 될 수 있다고 믿었다. 로마 시대에 이르러서도 고대 이집트의 이러한 신앙은 끊임없이 이어졌다. 죽은 이들은 오시리스를 상징하는 제드 기둥, 이시스를 상징하는 매듭, 그리고 생명을 의미하는 앙크 기호와 같은 여러 상징물들의 보호를 받으며 새로운 삶을 맞이하기를 염원했다.

신들의 제스처와 사자의 힘, 고인을 보호하다

이시스와 네프티스가 오시리스에게 취하는 제스처는 애도의 표현으로 보인다. 장례식 관은 자주 사자의 모습으로 표현되었는데, 사막에 사는 사자가 해가 뜨고 지는 곳에 살기 때문에 고인의 여정을 함께 한다고 믿었던 것으로 추정된다.

황금, 부활을 약속하다

특히 금은 고대 이집트에서 중요한 의미를 가졌다. 금은 퇴화를 방지하는 기능이 있다고 여겨졌으며, 초상화에 표현된 금박 또한 이러한 역할을 했을 것이다. 로마 시대에는 시신 전체를 금박으로 도금하는 것이 일반화되기도 했다. 입술, 혀, 가슴, 배꼽, 손가락, 발가락 등 신체의 중요한 부분에 금박을 입혔는데, 이는 '금으로 덮다'는 동사가 고대 이집트에서 '보호하다'와 동음이의어였기 때문이다. 금은 부식되지 않는 물질이므로,

소녀 초상화, 클리블랜드 미술관, 클리블랜드, 71.17. © Cleveland Museum of Art.

금박으로 고인의 몸이 영원히 보존되기를 바랐던 것이다.

『사자의 서』154장과 방부 의식 텍스트에는 고인이 죽지 않게 하는 주문이 다음과 같이 나타나 있다. "당신의 피부색은 라의 금빛 덕분에 영원토록 황금색이 될 것입니다." "그는 당신의 살에 금을 입히고 팔다리 끝에 완벽한 색을 입힐 것입니다." "당신은 영원히 살아있고 영원히 젊어지게 될 것입니다." "당신은 금 때문에 숨을 쉴 것입니다." 금의 힘 덕분에 그들은 불멸에 가까워졌다.

죽은 자는 왜 머리에 왕관을 썼을까?

초상화 속 고인들이 머리에 쓴 식물 왕관은 죽은 자가 새로운 생명을 얻어 다시 태어나기를 바라는 마음을 담고 있다. 로마 시대에 이르러 빛나는 왕관으로 재해석되었다. 이집트에서 식물 왕관은 태양을 상징했는데, 여기에 그리스와 로마 문화의 승리를 의미하는 월계수 화환의 의미가 더해져 이중적인 의미를 지녔을 가능성이 크다. 실제로 이집트 『사자의 서』19장에 사후세계에서 적에게 승리하는 의미의 왕관이 언급되기도 한다.

모든 초상화에 금박 왕관이 있는 것은 아니었다. 전체 초상화의 10% 미만이 금박 왕관을 착용했다. 『사자의 서』19-20장

아이와 여성의 초상화

왼쪽 초상화 소녀 초상화, 개인 소장.
© Wikimedia Commons.

오른쪽 초상화 여성의 초상화, 메트로폴리탄 미술관, 뉴욕,
09.181.6. © Metropolitan Museum of Art.

에 고인의 이마에 화환을 얹을 때 낭송하는 주문까지 쓰여 있었다고 한다. 이 금박 왕관은 아풀레이우스의 『변신 이야기』에 나오는 이시스 숭배자의 모습과 관련이 있을 수 있다는 주장이 있다. 즉, 고인이 생전에 이시스 신앙에 입문했을 때 초상화를 만들어 집에 걸어두었다가 나중에 미라에 안치했다는 주장인데, 이 가설이 맞다면 소수의 사람들만이 이러한 초상화를 가졌는지 설명될 수 있다. 그러나 초상화가 사후에 제작되었을 가능성을 배제하지 못하며, 이시스 숭배자만이 초상화를 제작했다는 증거 또한 부족하다. 미라 초상화에 젊은 사람들이 많이 묘사된 것은 당시의 인구 연령 분포와 사망률을 반영한다고 볼 수 있다.

머리에 별을 단 그는 누구였을까?

어떤 남성 초상화에는 머리띠에 별이 일곱 개나 달려 있다. 학자들은 이를 세라피스 신의 사제 도상으로 보기도 한다. 원래 사제들은 대머리가 많았다고 알려져 있는데, 로마 시대에는 이러한 규칙이 다소 완화되었을 수도 있다. 이시도라가 착용한 왕관은 이시스 왕관을 모방한 것으로 보이는데, 이는 그녀가 이시스 사제였음을 나타내는 것일까?

이시도라의 초상화, 게티 박물관, 말리부, 81.AP.42. © J. Paul Getty Museum.

남성 초상화 페르가몬 박물관, 베를린, 31161, 8. © Antikensammlung Berlin.

이 초상화 속 상반신은 신앙의 표현일까, 신체의 자랑일까?

또 어떤 초상화에서는 상반신이 드러나 있는데, 이는 당시의 운동선수이거나 이시스 신앙에 입문한 사람일 가능성이 있다. 특정 의식을 마친 뒤 새로운 존재로 다시 태어났다는 것을 기념한 것일 수도 있다.

왜 여성만 초승달 목걸이를 걸었을까?

1세기부터 2세기까지 로마 제국 전역에서 널리 사용된 초승달 모양의 펜던트, 루눌라(lunula)는 미라 초상화에서도 자주 발견된다. 이집트에서는 이미 18왕조 때부터 알려져 있었으며, 어머니와 아이를 보호하는 부적으로 사용되었다. 헬레니즘 시대 이후 지중해 전역으로 퍼져나가 남녀 모두 착용하는 일반적인 보호 상징이 되었다. 흥미롭게도 미라 초상화에서는 주로 여성과 여자아이가 착용했다. 안토니우스 시대부터 여성들은 주로 두꺼운 사슬에 둥근 디스크를 목에 걸었다.

불라(Bulla)는 아이들을 어떻게 지켜주었을까?

소년들이 착용한 작은 원통 모양의 장신구는 불라(Bulla)라고 불렸는데, 질병을 보호하는 역할을 했다. 아이들은 사춘기가

여성 초상화, 메트로폴리탄 미술관, 뉴욕, **09.181.7.** © Metropolitan Museum of Art.

아이 초상화, 아일랜드 국립 박물관, 더블린, 1902.4. © National Museum of Ireland.

될 때까지 불라를 착용해야 했다고 한다. 화려한 장신구로 사후세계에서 이루지 못한 성인이 되기를 기원했던 것이다.

내세에서도 움직일 수 있도록

고대 이집트에서 발은 단순한 신체 부위가 아니었다. 죽은 자가 사후세계에서도 걷고, 움직이고, 신들 사이를 다니는 데 반드시 필요했다. 그래서 어떤 미라 초상화에서는 발에 금박을 입히기도 했다.

발을 영구히 표현하려 한 이유는 『사자의 서』 188장의 "나는 내가 오고 갈 수 있도록 발에 힘이 있기를 바랍니다."라는 구절처럼, 고인이 사후세계에서 자유롭게 움직일 수 있기를 바라는 마음 때문이었다. 고인은 태양의 배를 타고 신들 사이에서 일어나야 했기 때문이다. 고인의 이동성을 보장하고자 손목과 발목에 팔찌를 착용시키기도 했다. 왼쪽 약지는 심장과 연결되어 호흡을 담당한다고 여겨졌다. 복부와 다리에 표현된 그물은 천상의 의미를 담고 있으며, 고인이 오시리스와 동일시되는 것을 상징했다.

남성 초상화, 루브르 박물관, 파리, E 12581. © Musée du Louvre.

꽃과 와인 - 삶의 즐거움은 계속됩니다

초상화 속 머틀(myrtle)은 영원함을, 장미는 재생을 상징했다. 죽은 자를 기리는 꽃 축제인 로살리아(Rosalia)에서 장미가 사용되었던 것을 보면 그 의미를 짐작할 수 있다. 초상화에서 와인이나 오일 병을 들고 있는 모습도 보이는데, 이는 오시리스와 그리스 신 디오니소스를 의미한다. 이집트 피라미드 텍스트에서도 오시리스는 풍성한 포도주의 신으로 묘사되었으니, 와인은 죽음 이후에도 삶의 즐거움이 계속되기를 바라는 마음을 담고 있었던 것이다. 석류는 다산을 상징한다. 실제 무덤에서도 식물 화환이 발견되는 것을 보면, 초상화에 다소 양식화된 화환이 그려진 것은 당시 장례 문화의 일부였음을 알 수 있다.

죽어서도 나답게 - 오시리스냐, 하토르냐

고대 이집트의 장례 미술을 보면, 남성과 여성 모두 죽음 이후에도 자신의 성 정체성을 분명히 보존하고자 했음을 알 수 있다. 특히 프톨레마이오스 시대부터는 내세에서 여성의 존재감이 점차 커졌고, 장례 미술에서도 죽은 여성을 표현하는 것이 보편화되었다.

고대 이집트에서 죽은 여성은 점차 하토르 여신에 비유되기 시작했다. 중왕국 시대 이후 오시리스 숭배가 중심이 된 이래 큰 변화가 없었지만, 신왕국 시대부터 죽은 고인을 '오시리스 N'이라고 불렀다. 여기서 N은 고인의 이름이 들어가는데, 오시리스 신과 비슷하게 새로운 형태를 얻었다는 것을 의미한다. 람세스 2세의 아내인 네페르타리의 무덤에서도 '오시리스 N'이라고 불렀던 것을 보면 알 수 있다.

그러나 기원전 400년경부터는 죽은 여성의 이름 앞에 오시리스 대신 '하토르' 또는 '오시리스-하토르'가 붙기 시작했고, '하토르 N'이라는 표현도 가능해졌다. 하토르는 이시스와 마찬가지로 서쪽의 여주인이었다. 이집트 전통에서 생식 능력과 성적 욕망이 곧 재생 능력과 관련이 있었기 때문에, 장례 미술에서 개인의 성 정체성을 강조하는 것은 매우 자연스러운 일이었다.

신의 옷을 입다 - 오시리스와 하토르 수의에 담긴 비밀

오시리스 수의와 하토르 수의는 장례 미술에서 고인과 동일시되는 중요한 역할을 했다. 고인의 몸 전체를 표현한 이 수의들은 해부학적 구조를 살려 입체적인 이미지를 만들어냈다. 게다가 수의 측면에는 작은 그림들(비네팅)이 들어가 있는데, 이것들이 고인을 지켜주는 주문이나 신화 장면을 담고 있다.

오시리스 수의는 이름처럼 고인을 죽음과 부활의 신 오시리스로 표현한 것이다. 고인은 때로는 아테프 왕관을 쓰고, 가짜 수염을 붙이기도 한다. 그러나 여자나 아직 어린 남성에게는 왕관 대신 후광이나 머리에 날개 달린 풍뎅이 같은 상징을 쓰는 경우가 많았다.

흥미로운 점은, 이러한 수의들 대부분의 몸통이 붉은색으로 칠해져 있다는 것이다. 붉은색은 생명력을 뜻했다. 고인을 지켜주는 장면이나 신들의 모습이 비네팅으로 세세하게 들어가 있기도 했다.

하토르 수의는 여성을 위한 특별한 버전이다. 고인을 사랑과 풍요, 재생을 상징하는 하토르 여신의 모습으로 표현한 것이다. 이 수의들의 가장 눈에 띄는 특징은 길게 늘어진 검은 머리카락이나 가발이다.

오시리스와 하토르 수의는 고인의 성별과 아름다움, 생명력을 강조한 것이다.

오시리스와 함께 일어서다

오시리스 모습으로 그려진 고인은, 나오스(naos)를 상징하는 건축물 안에 모셔져 있다. 거대한 날개 달린 태양 원반이 찬란

오시리스 수의, 메트로폴리탄 미술관, 뉴욕,
25.184.20. © Metropolitan Museum of Art.

하게 빛나고 있다. 여섯 개의 비네팅이 고인을 감싼다. 고인을 영원히 지켜주듯, 고인 주변을 맴돌며 신성한 분위기를 더한다. 고인의 머리에는 위엄 있는 아테프 왕관이 씌워져 있다.

얼굴은 둥글고 인자한 모습이다. 볼록하게 솟은 코와 둥근 턱은 부드러운 인상을 주었으며, 턱에 단 가짜 수염은 고대 이집트의 신성함을 그대로 담아낸다. 그리고 고인의 양손에 오시리스를 상징하는 도리깨와 갈고리(flail)가 들려 있었는데, 이는 풍요와 권능을 나타낸다.

또 다른 예는 히에락스의 아들 안티누스라는 남자의 수의인데, 잘 보존되어 있다. 비록 가발과 몸통의 색이 약간 바랬지만, 노란색 테두리에 상형문자가 새겨져 있어서 보는 사람의 눈길을 끈다. 고인의 양 옆에는 여섯 개의 비네팅이 들어 있고, 고인은 손에 도리깨와 갈고리를 들고 오시리스처럼 표현되어 있다.

팔뚝 위에는 매 한 마리가 고인을 보호하고, 발 아래에는 두 마리 자칼이 누워 있다. 자칼은 아누비스를 떠올리게 한다. 고인의 양옆에는 세 명의 신이 등장하여 마치 고인을 환영하고 있는 듯한 느낌을 준다. 특히 비문이 인상 깊다. 앞부분에서는 고인의 부활과 바(Ba)의 이동성을 강조한다. 이어지는 내용에서 고인이 하토르 여신에게 빵을, 또 다른 여신에게는 우유와

오시리스 수의, 베를린 이집트 박물관, 베를린,
ÄM 22728. © Ägyptisches Museum und Papyrussammlung.

포도주를 받는 모습이 묘사된다. 이는 내세에서의 풍요와 안식을 상징하는 장면이다.

하토르로 다시 태어나다

고인의 얼굴은 사라졌지만, 상징은 남아 있다. 코브라가 기둥을 휘감고, 머리 위에는 태양 원반과 매가 그려져 있다. 그것이 고인의 얼굴을 감싸는 듯한 머리 장식이 되어준다. 단발머리를 한 듯한 머리와, 붉은 구슬로 된 그물 드레스 또한 확인할 수 있다. 왼팔은 몸을 가로질러 구부려져 있고, 손에는 끈을 움켜쥐고 있는 모습이 인상적이다.

아직 풀리지 않은 의문들

로마 시대 오시리스와 하토르 수의들은 아직까지 연구가 덜 된 부분이 많아 여전히 미스터리로 남아 있다. 언젠가 더 많은 비밀이 밝혀지면, 사후세계를 얼마나 정교하게 준비했는지 더 깊이 이해할 수 있을 것이다.

안티누폴리스 수의 초상화를 만나다

이전 수의에서 고인이 하토르나 오시리스를 닮아 전통적인

하토르 수의, , 메트로폴리탄 미술관, 뉴욕, 44.7A. © Metropolitan Museum of Art.

아이 초상화, 루브르 박물관, 파리, AF 6486. © Musée du Louvre.

모습을 간직했다면, 안티누폴리스에서 발견된 초상화는 자연주의 방식으로 그려졌다.

안티누폴리스에서 발견된 아이 수의 초상화를 보면, 아이는 작은 신전 모양(나오스) 안에 서 있고, 머리 위에는 태양 원반, 코브라 장식(우레우스)이 그려져 있다.

아이 주위에는 12개의 작은 그림(비네팅)이 둘러싸고 있다. 어떤 그림은 정화 의식을, 어떤 그림은 애도 장면을, 아누비스가 열쇠를 들고 미라를 안고 있는 장면이나 심장을 저울에 올리는 장면은 이집트의 내세관을 아주 잘 보여준다.

이시스와 네프티스가 아이를 보호해 주는 모습 또한 인상적이다. 맨 위에는 사람들이 가슴을 치며 슬퍼하는 장면도 있는데, 그 밑에 놓인 황금 항아리에는 나일강의 물이 들어 있다고 한다. 이 물은 사후세계에서 살아가는 데 반드시 필요하다고 믿었다.

로마 시대 이집트의 장례 문화: 영원을 향한 여정

이집트는 고대 문명의 발상지이자 신비로운 장례 문화가 꽃피웠던 곳이다. 로마 시대에 이르러 이집트의 장례 문화는 고유한 전통에 그리스-로마의 요소가 융합되며 더욱 다채로운

아폴론의 초상화, 루브르 박물관, 파리, **AF 6482.** © **Musée du Louvre.**

크리스피나의 초상화, 루브르 박물관, 파리, **AF 6440.** © Musée du Louvre.

양상을 띠게 된다. 특히 미라 초상화와 장례 비석은 당시 사람들의 사후세계관과 예술적 특성을 생생히 보여주는 유물로서 큰 의의를 지닌다.

미라 초상화: 영혼의 얼굴

아폴론의 초상화(루브르 박물관, 파리, AF 6482)는 여섯 개의 비네팅을 통해 고인이 오시리스로 변모하는 과정을 상세히 묘사하며, 고대 이집트의 상징과 그리스-로마 시대의 미학이 절묘하게 조화된 독특한 분위기를 자아낸다. 녹색 배경의 머틀 화환은 이러한 혼합 문화를 상징적으로 드러낸다. 비네팅 중 세 개는 오시리스 변모 단계를, 가운데 비네팅은 미라 방부 처리 과정을, 아래 비네팅은 아누비스 가면을 쓴 장의사가 미라를 황소 등에 싣는 모습을 담고 있다. 이는 파라오 시대 아피스 황소 도상의 변형으로 해석되며, 해와 달은 영원, 탄생, 재생을 의미한다. 중앙 비네팅 바로 위에서는 죽은 남성이 오시리스로 묘사되어 분홍색 수의를 입고 두 사제의 품에 안겨 있으며, 가장 아래쪽에는 디오니소스가 등장하여 그리스 신화적 요소가 삽입되었음을 보여준다. 고인의 이름 '아폴론'과 '행운을 빌어요'라는 문구가 머리 위에 새겨져 있다.

크리스피나의 초상화(루브르 박물관, 파리, AF 6440)는 타원형과 정사각형의 중간 형태를 띠는 독특한 얼굴 모양, 높은 이마의 보조개, 짙은 붉은색 입술 등 섬세한 묘사가 돋보인다. 진주 빛 피부 톤과 은은한 분홍색 뺨은 생기 있는 인상을 주며, 헤어스타일은 세베루스 황후 율리아 돔나와 유사하다. 고인이 입은 넓은 띠로 장식된 보라색 튜닉, 왼손의 노란색 앙크 기호(생명과 영원 상징), 오른손의 이시스 여신처럼 펼친 보호의 제스처는 이집트적 상징성을 드러낸다. 하체를 둘러싼 사다리꼴 형태의 파란색 프레임과 네 개의 별 모티프는 장식적 요소를 더하며, 복부의 고인 이름 '크리스피나'와 발 양쪽에 그려진 앙크, 촛대를 마주보는 두 마리 매(호루스 신과 연관된 보호 상징)는 미라 초상화의 전형적인 도상적 특징을 보여준다.

사카라 초상화: 고인의 영원한 여정

이집트 사카라에서 발견된 리넨 초상화는 대부분 높이가 2미터를 넘는 압도적인 크기를 자랑하며, 의식이나 장례와 같은 중요한 순간에 전시되었을 것으로 추정된다. 현재 9점만이 남아 있다.

남성 초상화(루브르 박물관, 파리, N 3076)와 같은 사카라 타입의 초상화는 고인이 오시리스와 아누비스 사이에 서 있는 모습을 공통적으로 보여준다. 세 인물이 다발로 묶은 배 위에 서 있는 모습은 사후세계로 떠나는 상징적인 여정을 의미한다. 특히 아누비스는 길고 화려한 샅바를 두르고 있으며, 오른손은 고인의 어깨에, 왼손은 시신 절개 부위에 닿아 새로운 탄생을 상징하는 중요한 제스처를 취한다. 고인의 다리 양옆에 그려진 심장의 무게를 재는 장면은 이집트의 핵심적인 사후 심판 의식을 나타내며, 고인의 머리 아래 검은 해골 도상은 기원전 1세기부터 유행한 상징이다. 오시리스 머리 위에 샤두프로 물을 퍼 올리는 모습은 사자의 서에 나오는 사후세계에서 목마른 고인을 위한 장면을 연상시킨다.

사카라와 안티누폴리스에서 주로 발견되는 리넨 초상화는 앙크 기호, 우레우스 프리즈, 금박 치장 벽토 장식 등 복잡한 상징체계로 이루어져 있으며, 고대 이집트 전통과 그리스식 도상이 혼합된 양상을 보인다.

테베의 장례 예술: 전통과 변화의 조화

테베는 고대 이집트의 심장이자 아문 신의 본거지였으며, 중왕국 초기부터 신왕국 시대까지 정치와 종교의 중심지로서 위

남성 초상화, 루브르 박물관, 파리, N 3076. © Musée du Louvre.

용을 떨쳤다. 비록 캄비세스에 의해 약탈당하고 힘을 잃었지만, 프톨레마이오스 왕조와 로마 시대에 다시 후원을 받으며 명맥을 이어갔다. 로마 시대에 테베의 많은 무덤과 관, 수의가 재사용되었으며, 예술가와 장인들은 기존 모티브를 차용하거나 변형하며 독창적인 도상을 만들어냈다. 특히 테베의 장례 예술은 다른 지역에 비해 헬레니즘-로마 문화의 영향을 덜 받아 고대 이집트의 전통을 고수하려는 강한 의지를 보여준다.

소테르 가문은 6세대에 걸쳐 테베에 거주했던 명문가로, 1820년 겨울 테베 묘지에서 소테르 그룹의 나무 관들이 출토되어 여러 박물관에 소장되었다. 소테르 1세는 이집트인 어머니에게서 태어나 로마인과 결혼한 이력이 있으며, 여러 언어에 능통했을 가능성이 높다. 이는 가족의 장례용품에서 그리스어, 상형문자, 이집트어 비문이 함께 발견되는 이유를 설명해준다. '테베의 대공', '테베의 위대한 이름'으로 기록된 비문은 그들이 부유하고 교양 있는 사회 계층에 속했음을 시사한다.

소테르 그룹 나무관(루브르 박물관, 파리, E 13048)은 나무못으로 나무 판자를 연결하여 만들었으며, 둥근 천장과 네 모서리의 기둥 구조를 가진다. 일부 관 뚜껑의 조디악은 무덤 천장과 동일시되었을 것으로 보이며, 매 조각상도 함께 묻혔다. 이들 관

소테르 그룹 나무관,
루브르 박물관, 파리,
E 13048.
© Musée du Louvre.

페보스의 가면, 루브르 박물관, 파리, E 14542 bis. © Musée du Louvre.

크라테스의 가면, 루브르 박물관, 파리, E 14542 ter. © Musée du Louvre.

은 당시 다른 장례 예술과 달리 전통적인 형태와 도상적 모티브를 채택하여 보수적인 모습을 보이며, 그리스 표현이 배제된 경향은 이상적인 이집트의 과거를 재현하려는 의도로 해석된다.

데이르 엘 메디네와 데이르 엘 바하리: 개성 넘치는 미라 가면

테베의 데이르 엘 메디네 무덤에서 발견된 미라 가면은 고인을 오시리스로 칭하고, 짧은 검은 머리, 긴 타원형 얼굴, 과일, 포도주, 풍뎅이 등 독특한 장례 미술적 특징을 보인다. 크라테스와 페보스의 미라는 가족 무덤에서 발견되었는데, 페보스의 가면(루브르 박물관, 파리, E 14542 bis)은 삼각형 얼굴, 모델링된 귀와 입, 원뿔형 코, 검은 눈 윤곽, 검은 머리카락, 그리고 뒤쪽 두개골에 보호 날개를 펼친 매가 특징이다. 복부에는 세 개의 구획이 있으며, 각각 호루스에 둘러싸인 미라, 오시리스로 표현된 페보스, 아누비스가 미라를 만드는 모습 등이 묘사되어 있다. 크라테스의 가면(루브르 박물관, 파리, E 14542 ter)은 페보스와 유사하며, 네 개의 구획에 신들이 웅크리거나 서 있는 모습이 담겨 있다.

데이르 엘 바하리에서는 석고로 코팅한 리넨 미라 가면이 다

데이르 엘 바하리 유형 가면, 루브르 박물관, 파리, E 20359. © Musée du Louvre.

여성 초상화, 루브르 박물관, 파리, N 2733.2 (P 211). © Musée du Louvre.

남성 초상화, 루브르 박물관, 파리, N 2732.2 (P 209). © Musée du Louvre.

장례 비석, 루브르 박물관, 파리, N 329. © Musée du Louvre.

장례 비석, 루브르 박물관, 파리, N 328. © Musée du Louvre.

콤 엘 슈가파 무덤 벽화. © Wikimedia Commons.

수 발견되었으며, 3세기로 추정된다. 이 가면들은 꽃 화환과 포도주가 담긴 유리잔을 모티프로 자주 사용하며, 서로 마주보고 목에 열쇠를 건 개가 표현된 것이 특징이다. 한 가면(데이르 엘 바하리 유형 가면, 루브르 박물관, 파리, E 20359)에는 황토색 표면에 그려진 얼굴, 팔자 주름, 목에 매달린 보호 부적, 왼손의 오시리스 장미 화환과 칸타라, 아래에는 아누비스 형태의 두 자칼이 나란히 앉아 신성한 배를 지키는 모습이 나타난다.

3세기 테베: 뒤늦게 등장한 미라 초상화

흥미롭게도 이집트 다른 지역에서는 이미 미라 초상화가 등장한 반면, 테베 지역에서는 3세기에 이르러서야 나타나기 시작한다.

여성 초상화(루브르 박물관, 파리, N 2733.2)는 둥근 가장자리, 적갈색 피부색, 노란색 빛 표현이 특징이다. 흰색 진주 귀걸이와 큰 금 목걸이를 착용했으며, 헤어스타일은 3세기 세베루스 황후 율리아 돔나와 유사하여 미라 초상화에서는 매우 드문 사례이다. 얼굴은 오른쪽으로 살짝 돌아가 있고, 두꺼운 입술, 크고 둥근 눈, 두껍고 긴 코, 깊은 이마 주름이 특징이다.

남성 초상화(루브르 박물관, 파리, E 2732.2)는 흰색 튜닉에 넓은 보라색 클라비(띠)를 착용한 모습이며, 드문 수염을 가진 흑인 초상화로 알려져 있다. 고르디아누스 3세 황제와 유사한 헤어스타일로 보아 3세기 초반으로 추정된다.

이집트와 그리스 문화의 융합: 장례 비석과 벽화

장례 비석에는 고인이 연회에 참여하거나 친척과 대화하는 모습이 자주 나타나며, 죽은 자가 이시스, 아누비스 같은 신들과 함께 서서 오시리스에게 인도되는 장면이 묘사되어 고인의 삶을 되돌아보는 매개체 역할을 하였다.

리코폴리스 출신 아폴론의 장례 비석(루브르 박물관, 파리, N 329)은 아누비스가 병을 들고 젊은 고인을 오시리스에게 인도하는 모습을 담고 있다. 고인은 오른손에 장례식 두루마리를 들고 있으며, 비석 아래 그리스어 비문은 고인의 이름, 사망 나이, 아비도스에서 오시리스의 종이 되었음을 명시한다. 또한 엘리시온 들판, 헤르메스, 레테의 강 등 그리스 신화적 요소가 이집트 사상과 절묘하게 혼합되어 당시 사람들의 독특한 믿음을 보여준다.

리코폴리스 출신 아폴로니오스의 장례 비석(루브르 박물관, 파리, N 328)은 고인의 짧은 생애를 기리며, 일곱 줄의 그리스어 비문으로 가족 관계와 정확한 사망일이 상세히 기록되어 있다. 비석 상단의 두 마리 코브라가 달린 태양 디스크는 이집트의 신성함과 보호를 상징하며, 이집트 스타일의 옷차림과 헤어스타일을 한 아폴로니오스가 제단 앞에 서서 제물을 바치는 모습은 그리스어 비문과 어우러져 이집트와 그리스 문화의 혼합을 보여준다. 왼편에는 오시리스 신과 늑대 도시 리코폴리스의 수호신인 웨프와웨트가 서 있다.

콤 엘 슈가파와 투나 엘 게벨: 지하 세계의 여정

콤 엘 슈가파 무덤 벽화는 로마 시대와 기독교 시대의 무덤에서 발견되며, 상단에는 오시리스 신화, 하단에는 페르세포네 신화가 그려져 있다. 페르세포네의 납치 장면은 로마 시대 장례식에서 흔한 모티프였으며, 벽화는 고인이 오시리스처럼 부활하고 페르세포네처럼 지하 세계의 여왕이 되기를 바랐던 믿음을 나타낸다. 이집트 신화와 그리스 신화가 동시에 전개되는 이야기 속에는 당시 사람들의 강한 믿음이 담겨 있었다.

투나 엘 게벨 3호 무덤 벽화에서는 하데스가 페르세포네를 납치하는 장면이 정교하게 그려져 있다. 이 장면 속 헤르메스와 에로스는 고인을 저승으로 안내하는 종교적 상징으로 해석된다. 콤 엘 슈가파가 이집트 전통에 그리스 요소를 가미한 형태라면, 투나 엘 게벨 무덤은 그리스 정체성을 강하게 드러낸 장례 양식으로, 그리스 문화를 고인의 정체성으로 자랑스럽게 표현하고자 했던 가족의 선택일 수 있다.

투나 엘 게벨 무덤 벽화. © Gabra, S., 1954, *Peintures à fresques et scènes peintes à Hermoupolis-Ouest (Touna el-Gebel)*, pl. 14.

이시도라의 무덤: 영원히 잠든 님프

이집트 투나 엘 게벨 묘지에서 가장 눈에 띄는 무덤 중 하나인 이시도라의 무덤은 화려한 벽화 대신, 입구 양쪽에 새겨진 두 개의 독특한 비문으로 유명하다. '이시도라'라는 이름 자체가 '이시스가 준 그녀'라는 뜻으로, 비범한 의미를 지닌다. 두 번째 방 입구에 있는 비문 옆 벽면은 월계수 잎과 꽃으로 가득 채워져 신성한 공간임을 암시한다. 방 안쪽에는 벽돌 침상 아래 사자 형태의 침대가 있으며, 천장은 거대한 조개껍데기로 장식되었다. 이시도라는 이집트풍 옷을 입고 왼손 새끼손가락에 작은 금반지를 끼고 있었으며, 2세기의 것으로 추정된다.

특히 학자들의 관심을 끈 것은 비문들이다. 첫 번째 비문은 죽은 어린 소녀 이시도라에게 신성을 부여하며, 님프에게 납치당해 샘에 빠져 죽은 힐라스의 이야기를 언급한다. 이는 고인의 성별이 중요하지 않음을 시사하거나, 익사로 요절한 이시도라의 죽음을 신성하게 여겼을 가능성을 암시한다. 두 번째 비문은 아버지의 마음을 담아 딸이 불멸의 존재가 되었으니 더 이상 슬퍼하지 않겠다고 말하지만, 매년 이시도라를 위한 의식은 계속될 것임을 명시한다. 이 비문에서 명시된 세 계절 구분은 고대 이집트 전통 세 계절을 따랐다는 점에서, 이 비문이 단순한 그리스-로마 양식이나 순수한 이집트 양식이 아닌, 두 문화가 모호하게 혼합된 형태임을 보여준다. 이시도라의 무덤은 고대 이집트와 그리스-로마 문화가 만났던 시대의 복잡한 믿음과 불멸을 꿈꾸었던 사람들의 염원을 엿볼 수 있는 귀중한 유적이다.

헤르모크라테스의 무덤 비문 : 권투선수, 죽음 앞에 무너지다

투나 엘 게벨 무덤 20호에 위치한 헤르모크라테스의 무덤 기둥에 빨간색으로 칠해진 네 개의 비문이 새겨져 있다.

"나는 헤르모크라테스, 헤르마이오스의 아들로서 32세의 나이로 체육 교사로서 여기 누워 있습니다." "내 어머니도 나보다 먼저 죽었습니다." "참으로 힘든 운명입니다." "마음은 슬픔으로 가득 차 있습니다." "나는 혼자서 수많은 격투 기술을 익혔고, 많은 이들에게 경기의 고난을 가르쳤습니다." "그러나 인간 중 누구도 죽음에 맞설 수 없습니다." "죽음은 모든 이에게 닥친다. 나무보다 강한 밀론조차 죽음의 여신에게서 벗어날 수 없었으며, 바람에 쓰러진 나무처럼 패배하여 쓰러졌습니다."

비문은 운동선수 헤르모크라테스 자신을 소개하는 내용으로, 그는 자신을 헤르마이오스의 아들이며 32세의 나이로 세상을 떠난 체육 교사라고 밝힌다. 비문에서 헤르모크라테스는 자신보다 먼저 세상을 떠난 어머니의 슬픔을 표현하며, 이를 "참으로 힘든 운명"이라고 표현하였다. 그는 혼자서 수많은 격투 기술을 익혔고 많은 이들에게 경기의 고난을 가르쳤다고 자신의 업적을 기록하였다. 그러나 동시에 인간은 누구도 죽음을 피할 수 없다는 철학적 성찰도 담고 있다. 특히 흥미로운 점은 그가 크로톤 출신의 유명한 권투선수 밀론을 언급한 부분이다. 밀론은 기원전 6세기에 활동하였으며 올림피아에서 6번 우승한 전무후무한 기록을 세운 인물이다. 헤르모크라테스는 "나무보다 강한 밀론조차 죽음의 여신에게서 벗어날 수 없었으며, 바람에 쓰러진 나무처럼 패배하여 쓰러졌다"고 표현하였는데, 이는 파우사니아스가 전하는 밀론의 최후와 연관이 있어 보인다. 파우사니아스에 따르면 밀론은 자만심에 빠져 나무 사이에 손을 넣었다가 나무에 끼어 늑대들의 먹이가 되었다고 한다. 헤르모크라테스의 아버지 이름인 헤르마이오스는 헤르메스-토트의 도시 헤르모폴리스와 관련이 있는 것으로 보이며, 헤르모크라테스의 직업인 파이도트리베데스는 청소년들의 체육을 담당하는 교사를 의미한다. 밀론이 권투선수로 유명했다는 점을 고려하면, 헤르모크라테스 역시 권투를 가르치는 교사였을 가능성이 높다.

페토시리스의 무덤: 다클라 오아시스의 염원

다클라 오아시스에서 발견된 페토시리스의 무덤은 그 모습이 인상적이다. 분홍색 튜닉, 검은색 클라비, 검은색 샌들을 신은 페토시리스는 한쪽 다리에 체중을 싣고 다른 다리는 뒤로 끌며 생동감 있는 자세를 취하고 있다. 오른손에는 화환을, 왼손에는 두루마리를 들고 있으며, 포도나무 뒤편에는 나일강의 신이 쟁반에 빵과 술잔을 들고 다가오는 모습이 보인다. 특히 왼쪽 가장자리에는 상형문자 비문이 새겨져 있는데, 이는 '오 오시리스 페토시리스! 위대하고 강력하기를!', '오시리스에게 다가서기를! 당신의 바(영혼)가 소카르를 따르기를!' 등 사후세계에서의 영생과 불멸을 꿈꾸는 페토시리스의 간절한 바람을 담고 있다.

사후세계, 예술로 사유되다: 상징과 실용의 조화

로마 시대 이집트 예술은 그리스식 도상과 이집트식 표현 방식이 조화롭게 결합되어 고인이 오시리스나 하토르와 동일시될 수 있었다. 미라 초상화나 무덤 벽에 그려진 사실적인 초상화는 사후세계로 넘어가는 고인을 위한 새로운 표현 수단으로 나타났으며, 이는 그리스인과 로마인들이 이집트의 장례 전통에 많은 관심을 가졌음을 시사한다. 다양한 도상들은 필요에 따라 유연하게 변형되었으며, 미라 초상화에 표현된 모든 상징은 고인이 죽은 자의 영역으로 무사히 들어가 신들 앞에서 자

페토시리스의 무덤, 다클라 오아시스. © Günther Hölbl.

유롭게 움직일 수 있는 내세에서의 영생을 보장하는 목적을 가졌다. 마법적인 상징들을 통해 불멸의 삶에 다가가고자 했던 것이다.

5장

영원을 가로지르다

- 로마 시대 이집트의 장례 문화

낮과 밤이 지나면 망자는 깨어나 시간을 떠돌아 다니며
얼굴을 드러냅니다.
나일강은 천천히 출렁이고, 살아있는 자들은
잠시 숨을 멈추고 침묵합니다.

미라와 함께하는 식사

서기 2세기 그리스 소설에 이런 문장이 있다. "아내의 미라를 가지고 나와 함께 식사를 했다." 이 문장만 봐도 미라를 보관하는 게 특이한 일이 아니었단 걸 알 수 있다. 로마 사람들은 죽은 이들을 도시 외곽, 주요 도로 옆에 묻었다. 길을 지나가거나 나무 그늘에서 쉬는 사람들은 무덤을 자연스럽게 봤을 것이다. 묘비에는 고인의 이름이 적혀 있었다. 이름을 불러주는 건 죽은 이를 다시 살아나게 하는 것과 같았다고 믿었다. 묘비명은 고인의 신분을 알려주고, 신화적인 이야기나 문화적인 문구로 고인을 기렸다. 여성의 묘비명은 어머니로서의 면모를, 남성은 직업이나 성격을 강조했다.

그들에게 죽음은 지하 세계로 떠난다거나 더 이상 햇빛을 보지 못한다는 의미였다. 하데스에게 가려고 빛을 떠났다는 표현이나, 레테의 어두운 심연에 빠졌다는 구절을 보면, 삶이 끝나면 산 자의 곁을 떠나 그림자의 세계로 간다고 믿었던 것 같다.

산 자와 죽은 자의 거리

죽은 이들이 도시 전체를 오염시킬 수 있고, 전염병이 퍼질 수 있다는 생각 때문에 산 자들은 늘 두려웠다. 그래서 산 자와 죽은 자의 거주지는 분리되었지만, 그 거리가 아주 멀지는 않았다. 시신을 운반해야 하는 현실적인 이유였다. 고인은 주로 서쪽에 묻혔지만, 안티누폴리스 묘지는 동쪽에 있었다. 이건 아마도 땅의 특성을 반영한 것으로 보인다.

제국의 통제 아래, 국가가 개입하다

죽음은 가족이 함께 마주하는 일이었다. 사후세계를 향한 믿음은 남은 자들의 몫이었고, 고인을 생각해서 장례식을 치렀다. 그런데 로마 시대 이집트에서 국가가 사후 문제에 꽤 많이 개입했다. 도시 전체가 죽음에 관심을 가졌고, 이와 관련된 법까지 존재했다. 사망 신고, 인구 조사, 유언장 작성, 청원서, 재산 분할, 상속 관련 파피루스까지, 죽음이 얼마나 일상에서 큰 비중을 차지했는지 짐작할 수 있다. 로마 시대 이집트에서 죽음을 다루는 일은 중요한 행정 업무였고, 국가의 깊은 관심사였다.

죽음은 피할 수 없는 현실이었고, 삶의 많은 부분에 영향을 미쳤다. 그래서 죽음을 어떻게 다룰지는 국가 차원에서도 사회 질서를 유지하는 중요한 문제였다. 시신 처리나 장례식은 현지 관습을 따랐다고 한다.

삶의 마지막 행위, 유언장을 남기다

유언은 삶의 궁극적인 행위였다. 유언장은 아주 잘 성문화되어 있었다. 유언장을 사용해 죽음을 미리 대비할 수 있었던 것이다. 유언장 작성은 개인적인 일이었고, 증인이 필요하더라도 혼자 작성해야 했다. 유언장은 법적 상속 유산을 물려주는 방법이기도 했지만, 죽음을 홀로 맞이하지 않아도 되게 해주고, 노년의 마지막 날을 함께한다는 의미도 있었다. 정해진 형식에 맞지 않으면 무효가 되기도 했다. 유언장은 작성자가 사망한 후에야 비로소 의미를 가졌다. 개인의 불멸은 타인의 기억 속에 존재했고, 유언장은 삶의 마지막 의사를 표현하는 수단이었던 것이다.

서기 1세기에서 4세기 동안 이집트의 유언장은 30건밖에 남아있지 않다. 유언자의 신분은 흉터 등으로 구분할 수 있었다니 신기하다. 사람들은 자신의 무덤을 예상하기도 했고, 때로는 유언자가 묻히고 싶은 장소를 구체적으로 언급하거나, 원하는 장례식과 매장 유형에 대한 권고를 담기도 했다. 옥시린쿠스와 테브티니스의 유언장을 보면, 유언자가 이집트식 장례를 치러달라고 요청하기도 했다. 반대로 이집트식 매장 방식을 거부하고 화장을 선택한 유언장도 있었다. 유언자는 상속인 중한 명이 사망할 것을 예상하며 여러 가지 계획을 세우기도 했다. 이를 이용해 가족 등 가까운 사람을 보호할 수 있었던 것이다. 사람들은 언제나 죽음이 언제 찾아올지 알고 싶어 했다. 유아기에 사망한 아이의 경우, 그들의 짧은 삶과 갑작스러운 죽음의 부당함을 강조했고, 노인의 경우 그들이 도달한 위대한 나이를 강조했다고 한다.

국가, 죽음의 원인을 밝히다

때로는 죽음의 원인을 밝히려고 의사나 장의사가 파견되기도 했다. 파피루스에 보면 "밧줄에 목을 매달린 채 발견되었다."거나, "캐스터네츠를 보려다 떨어져 사망했다."는 기록도 있다. 이게 자살인지, 살인인지, 아니면 사고였을지는 알 수 없지만, 국가가 죽음에 무관심하지 않았고, 사법적인 관점에서 죽음의 정황을 밝히려 했다는 건 분명하다. 부검을 요청하는 파피루스도 남아있는데, 이건 사망 원인이 자연사가 아닐 수도 있다는 의심에서 비롯되었을 것이다. 모든 이들이 법이 존재하고, 국가가 죽음에 개입할 수 있다는 걸 알고 있었다.

사망 신고, 꼼꼼하게!

사망 신고는 생각보다 훨씬 체계적이었다. 대부분의 사망 신고가 서기관에게 접수되었고 사망 신고 템플릿까지 있어서 신고자는 정보를 빈칸에 채워 넣기만 하면 됐다. 누가 죽었는지, 신고자는 누구고 고인과 어떤 관계인지 등등, 꽤 자세한 정보를 기입해야 했다. 게다가 "나는 거짓말을 하지 않았다." "맹세합니다." 같은 서면 선서로 사실성까지 증명해야 했다.

이런 걸 보면 공식 절차를 얼마나 중요하게 생각했고, 행정 시스템이 얼마나 잘 잡혀 있었는지 짐작할 수 있다. 혹시라도 절차를 무시했다가 불이익을 받았을 테니, 다들 조심했을 것이다.

장례를 준비하다

누군가 죽으면 친척과 친구들은 유족에게 애도의 편지를 보내면서, "축복받은 사람", "운이 좋은 사람" 같은 표현을 썼단다. 가족들은 시신을 소홀히 대할 수 없었다. 특히 이집트는 더워서 시신이 빨리 부패했으니, 가족의 여성 구성원들이 시신을 돌보고 천으로 감쌌을 가능성이 높다. 죽은 이는 한동안 집안에 안치되어 있었을 것이다. 연동이라는 용어가 쓰인 유언장을 보면, 이게 바로 매장 준비를 의미했던 것 같다.

시신 관리 전문가들과 장례 업계의 비밀

미라화 작업은 장례 전문가의 손길이 필요했다. 이들은 시신 관리부터 매장까지 모든 장례 절차를 담당했다. 엑소필라이트, 네크로타프, 엔타피스트 등 다양한 이름으로 불렸던 이들은 대부분 성문 밖에 살았고, 시신 운반, 매장, 묘지 관리 등 장례에 관련된 다양한 일을 했다. 특히, 부검 보고서를 작성할 자격은 오직 전문가들만 가졌다고 한다.

네크로타프는 방부 처리와 운송을, 타오익에우타이는 나트론으로 시신을 염장하는 작업을, 파라스키스테스는 옆구리 절개 작업을, 초아키테스는 시신을 무덤에 안치하는 작업을 담당하는 등 전문성이 세분화되어 있었다. 이러한 방부 처리 기술은 대대로 전해져 내려온 가족 기업 형태로 이루어졌고, 이들은 장례에 대한 권리를 독점했기 때문에 다른 선택지가 많지 않았을 것이다. 이웃 마을의 방부 처리장은 이용이 금지될 정도였으니 말 다했다.

장의사들은 비싼 수수료를 받았는데, 한 파피루스에 따르면 네크로타프가 340 드라크마를 받았다고 한다. 사회적 지위는 높지 않았지만, 경제적인 지위는 꽤 높았을 것으로 짐작할 수 있다. 묘지에 정원을 가꾸는 일도 이들의 몫이었는데, 묘지는 황량한 곳이 아니라 북적이는 곳이었다. 모든 사람이 죽기 마련이고, 비록 미라화 비용을 감당하지 못하는 사람도 있었겠지만, 매달 사망자는 끊이지 않았다. 장례 서비스는 항상 수요가 있었고 이들은 독점적인 지위를 누렸던 것이다. 알렉산드리아에서 자신들을 홍보하기도 했다. 나름 마케팅도 했던 것 같다.

아누비스의 후예들, 미라화의 비밀

방부 처리를 위한 천막은 아름다운 집(페르 네페르)이나 성소(와브트)라고 불렀다. 정화를 위한 물이 필요했으니 나일강이나 운하 옆에 있었을 가능성이 높다. 투나 엘 게벨과 카르가 오아시스에서 방부 처리장으로 추정되는 건물이 발견되었다.

아누비스는 방부 처리의 최고봉으로 여겨졌고, 방부 처리사들은 아누비스의 업무를 이어받아 특정 활동 중에 자칼 머리 모양의 가면을 착용하기도 했다.

미라화 작업은 무려 70일이 걸렸는데, 이는 시리우스 별이 하늘에서 사라졌다가 다시 나타나는 기간과 일치한다. 방부 처리사들은 시신을 테이블 위에 놓고 씻긴 다음, 장기를 적출했다. 뇌는 청동 갈고리로 코를 통해 꺼냈고, 내장은 복벽을 절개해서 빼냈다. 심장은 사고와 감각의 기관으로 여겨져 그대로 두었고, 적출한 장기들은 따로 보존했다.

이후 시신에서 수분을 제거하는 건조 작업이 35일 동안 진행되었다. 몸을 깨끗이 하고 기름을 바른 다음, 복벽이 무너지는 것을 막고자 리넨 묶음을 채워 넣었다. 미라는 탈수로 인해 연약해졌고 피부 탄력을 회복시키기 위해 연고와 수지를 사용했다. 마지막으로 모든 구멍을 밀랍으로 넣거나 바느질로 봉했다. 약 70일 후 방부 처리가 완료되면 미라를 유족에게 인계했다.

변화하는 장례 문화와 경제적 현실: 비용과 운반

헬레니즘-로마 시대 이집트에서는 고대 이집트인들이 했던 세심한 방부 처리가 점차 줄어들었다. 3~4세기에는 뇌와 내장을 제거한 사례가 거의 없었는데, 이는 비용 절감을 위한 것으로 추정된다. 방부 처리사가 작업을 시작하기도 전에 시체가 부패하는 경우도 있었으며, 로마 시대에 부주의하게 방부 처리된 미라의 수가 절반에 달했다는 점은 이러한 현실을 반영한다.

미라 포장에는 많은 세금이 따랐으며, 미라를 알아볼 수 있어야 한다는 생각 때문에 미라 초상화가 등장했을 수도 있다. 당시 장례 비용은 중산층 연간 소득의 절반에 달할 정도로 만만치 않았다. 시신 처리는 가족의 부와 지역에 따라 달랐으며, 미라는 이집트 전역에서 배로 운송되기도 하였다.

미라 라벨: 죽은 자의 신분증

미라 라벨은 시신이 옮겨지는 동안 가족들과 장의사들이 시신을 식별하는 데 사용되었다. 헬레니즘 시대 이전에도 일부 있었지만, 로마 시대에 널리 퍼졌다. 나무나 돌로 만들어진 이 라벨은 고인의 개인 정보를 담은 작은 태그였으며, 주로 그리스어나 데모틱, 또는 두 가지 언어로 쓰여 장례 담당자들이 두 언어에 모두 능숙했음을 짐작하게 한다. 이중 언어 라벨은 실용적인 이유도 있었을 것이다. 미라 라벨에서 고인의 이름, 출신지, 가족 관계 등을 알 수 있다, 이 라벨 하나로 고인의 정체성이 드러나곤 했다. 종종 누구의 아들, 누구의 어머니처럼 아버지나 어머니의 이름이 함께 적혔고, 때로는 배우자나 다른 친척도 언급되었다. 라벨은 고인을 기억하고 추모하는 기능을 수행한 셈이다.

고인의 출신 정보는 자주 등장했는데, 이를 통해 고인이 특정 묘지에 묻힐 수 있는 자격이 있었음을 암시하기도 한다. 봄파에와 파노폴리스 같은 지명이 자주 언급되는 이유도 이와

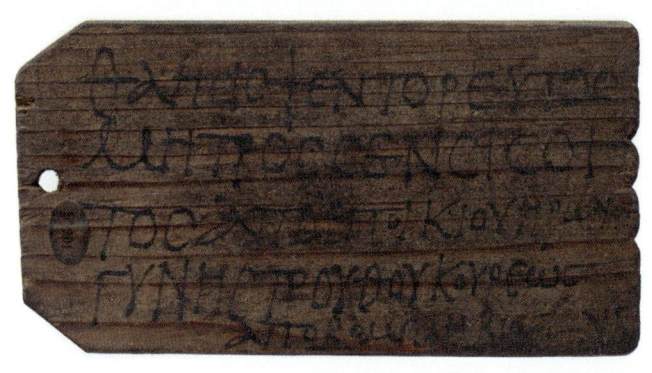

"페렌토레우스와 센시소이스의 딸 타에시스는 헤론 농장 출신이며, 봄파에 출신 스트루토스라는 이발사의 아내로 58년을 살았습니다."라고 적혀 있는 미라 라벨, 루브르 박물관, 파리, E 10645. © Musée du Louvre.

관련있을 것이다. 미라 라벨은 주로 파노폴리스, 소하그, 테베, 파이윰 등에서 발견된다.

라벨은 일반적으로 검은색 잉크로 써졌고, 때로 오시리스, 아누비스, 베스 같은 신들의 모습이나 동물들(따오기, 물고기, 뱀 등) 그림도 함께 그려졌다. 이런 그림들은 상징적인 기능을 했을 것이다. 미라 라벨은 매장 시점이나 미라화 직후, 사망 직후의 어느 시점에 미라에 부착되었을 것으로 보인다.

미라 라벨을 작성한 사람은 누구였을까? 파이윰 지역 하와라의 경우처럼 장례 사제가 직접 라벨을 썼을 가능성도 있다. 데모틱 비문에는 종교적 공식이 포함되는 경우가 많은 반면, 그리스어 비문은 비교적 간단하게 인사말만 남기고 애도의 말은 생략하는 경우도 많았다. 이는 문화나 시대적 차이를 반영하는 요소일 수 있다.

미라 라벨은 미라가 정확히 누구인지 확인하는 역할도 했지만, 동시에 고인의 이름을 영원히 남기기 위한 장치이기도 했다. 그의 이름이 영원히 남기를 같은 문구도 발견되는데, 고대 이집트인들에게 이름은 잊혀지면 안되는 것이었다.

특히 미라 라벨은 단순히 고인의 신원을 알려주는 것을 넘어, 당시 사람들의 삶과 죽음에 대한 태도, 그리고 사회경제적 배경까지 엿볼 수 있는 귀중한 자료이다.

루브르 박물관 소장 '페렌토레우스와 센시소이스의 딸 타에시스는 헤론 농장 출신이며, 봄파에 출신 스트루토스라는 이발사의 아내로 58년을 살았습니다.' (파리, E 10645)라는 미라 라벨은 고인의 이름뿐 아니라 직업, 나이, 때로는 사망 날짜, 심지어 운송 정보와 비용까지 구체적으로 기록되어 있었다. 당나귀 운반자, 벌 키우는 사람, 대장장이, 제빵사 등 다양한 직업이 새겨진 라벨들을 통해 로마 시대 이집트에서 소박하게 살았던 사람들의 모습을 엿볼 수 있다. 평생 자신의 직업을 소중히 여겼던 마음이 담겨 있는 듯하며, 92세까지 살다 죽은 노인의 기록이나 사망률 통계 정보까지 알 수 있다는 점은 놀라움을 안겨준다.

미라화 이후의 두 단계: 돌봄과 기다림

사망 후 시신은 크게 두 단계를 거쳤다. 첫 번째 단계는 방부처리사가 시신을 수습하여 미라화시키는 과정이었다. 그리고 두 번째 단계는 처리된 시신이 친척에게 반환되어 매장되기 전까지의 기간이었다. 이 기간 동안 고인은 가족의 보살핌을 받았으리라 추정된다.

'페리스톨레(Peristole)'는 시신을 방부처리사에게 보내기 전 초기 단계를 의미하는 것으로 보인다. 그리스어 동사 '감싸다'에서 유래한 이 용어는 시신을 감싸는 행위와 깊은 관련이 있었을 것이다. '케데이아(Kedeia)'는 미라가 관에 안치되어 친척들에게 돌아간 후의 상황을 묘사하는 것으로 추정된다.

행운을 빕니다: 매장되기 전까지의 기나긴 여정

일부 편지와 미라 라벨에 따르면, 친척들이 장례를 치를 수 있을 때까지 매장을 무기한 연기한 경우도 있었다. "행운을 빕니다." "아이의 미라를 받으면 제가 돌아올 때까지 보관해주세요." 와 같은 짧은 파피루스는 미라가 매장될 때까지 얼마나 오랫동안 기다렸는지 짐작하게 한다. 타헨메트의 딸은 죽은 지 1년 4개월 후에야 매장되었고, 센베시스는 9개월 후에 묻혔다. 심지어 사제 페토바스티스의 미라는 사망 후 6년, 어떤 남성 미라도 6년 동안이나 묻히지 않은 채 있었다는 기록도 있어, 많은 미라가 곧바로 매장되지 않고 오랫동안 기다렸다는 점은 의심의 여지가 없다.

고고학자 페트리의 관찰에 따르면, 많은 미라가 매장되기 전 오랫동안 외부에 노출되어 손상을 입었다고 한다. 금박이 벗겨지고, 치장 벽토가 떨어져 나가고, 아이들이 낙서한 흔적이나 새 배설물이 묻어 있는 미라도 있었다는 기록은 얼마나 오랫동안 외부에 방치되었는지 짐작하게 한다.

그렇다면 이 미라들은 매장 전까지 어디에 보관되었을까? 로마인들은 죽은 사람을 아트리움(안뜰)이나 현관에 안치했다고 한다. 페트리는 미라가 한두 해 동안 아트리움에 보관되어 있었고, 아이들이 글쓰기 수업을 받고 때로는 비가 내리는 곳에 미라를 보관했을 거라고 추측했다.

그러나 파이윰 마을의 건물을 보면, 미라를 집 안에 보관하는 것이 현실적으로 어려웠을 것이라는 의견도 있다. 100킬로그램이 넘는 미라도 있었는데, 작은 방에 이런 큰 물건을 오래 보관하기는 쉽지 않았을 것이다. 카라니스처럼 비교적 부유한 마을에서도 방이 작아 미라만한 크기의 물체를 오랫동안 보관하기 쉽지 않았다.

따라서 미라가 집안이 아닌 다른 공간에 보관되었을 가능성이 높다고 본다. 디오도루스의 기록에 따르면, 일부 사람들은 집 옆에 새로운 방을 짓고 튼튼한 벽에 미라를 받쳐놓았다고 한다. 이런 별도의 보관 공간이 있었을 수도 있다. 미라가 이집트 전역에서 자주 운반되었기 때문에, 배나 짐수레에 실려 방치되었을 가능성도 배제할 수 없다. 무덤 예배당에 미라를 보관했다가 나중에 묻었을 수도 있다는 추정도 존재한다.

슬픔을 표현하는 방법: 애도와 금기

기원전 5세기 헤로도토스는 이집트의 애도 행렬과 장례식에서 사람들의 행동을 자세히 관찰했다. "여성들은 진흙으로 머리와 얼굴을 가리고 가슴을 드러낸 후 가슴을 치며 마을을 돌아다녔습니다." "남성은 가슴을 노출한 채 가슴을 두드리며 거리를 돌아다녔습니다." 머리를 흙으로 덮는 것은 땅이 생명과 풍요를 주지만, 죽은 자의 장소가 땅이라는 인식을 반영한 것으로 보인다.

누군가 죽으면 친척과 지인들은 머리에 진흙을 바르고 장례를 치를 때까지 도시를 돌아다니며 슬퍼했다. 그 기간 동안 목욕도, 포도주도, 음식도 먹지 않고 밝은 옷도 입지 않았다. 테브티누스의 종교 회원들은 동료가 죽었을 때 슬픔의 표시로 삭발까지 했는데, 이를 지키지 않으면 벌금을 물어야 할 정도였다.

산 자들은 고인을 위해 애도객과 음악가들을 초대했고, 음악가에게 32 드라크마를 지불했다는 기록도 남아 있다. 이들은 장례 행렬과 의식에서 울음과 애도를 담당했다. 전문 애도객도 있었는데, 이들은 8 오블을 받고 울음과 애도로 고인을 기렸다. 고인과 가까운 사람들은 애도 기간을 이용해 장례 의식을 치렀고, 연회에도 참여했었다. 그들의 애도 방식은 단순히 슬퍼하는 것을 넘어선 복잡한 사회적 의례였음을 알 수 있다.

장례 행렬: 도시를 가로지르는 마지막 여정

장례 행렬은 매장 직전에 이루어졌을 가능성이 높다. 이 행렬에서 미라 초상화가 전시되었을 가능성이 있다. 로마의 관습에 따르면 조상의 초상화를 전시하는 것은 죽은 자를 기리고 사회의 결속을 다지는 중요한 일이었다고 플리니우스는 설명한다. 특히 어린이들은 주로 밤에 매장되었다. 장례 행렬은 떠난 이에게 행운을 빌어주며 고인과 함께할 수 있는 소중한 시간이었다.

"어머니가 돌아가셔서 당신이 필요하니 모든 일을 제쳐두고 즉시 오십시오." 이러한 메시지는 당시 사람들이 죽음을 얼마나 급박하고 중요하게 여겼는지 보여준다. 어떤 경우에는 도시 전체가 장례 행렬에 동참하여 슬픈 운명을 애도하기도 했는데, 아마 아주 중요한 인물이거나 비극적인 일을 겪은 사람의 장례였을 것이다.

"당신의 소원대로 자녀들이 당신을 묻었고 당신의 남편은 당신과 같은 피를 나눈 형제들과 장례 행렬을 호위했습니다." 당신의 무덤 근처에서 "당신의 아버지가 신음하여 가슴을 심하게 치자 온 도시가 슬픔에 빠진 채 당신의 운명을 애도했습니다." 이러한 비문들은 깊은 슬픔과 애도 분위기를 짐작하게 한다. 행렬의 선두에는 고인을 들것에 태운 상여꾼들이 섰고, 그 뒤를 애도객과 음악가들이 따랐다. 음악가들의 연주는 장례 행렬을 한층 더 비극적이고 극적인 분위기로 만들었을 것이다.

고인이 묘지로 가는 마지막 여정에는 종종 밤에 횃불을 밝히는 행렬이 포함되었다. 횃불은 의식을 밝히고 고인의 생명을 되살리는 상징적인 의미가 있었다. 고인이 다시 깨어나려면 애도가 필요하다고 믿었고, 일부 학자들은 애도를 위한 시각적인 상징으로 파이윰 초상화를 전시했다고 제안하기도 한다.

아누비스가 보낸 초대장의 비밀

파피루스에 장례식 식사로 빵과 야채를 구입했다는 비용 기록도 남아 있다. 무덤에서 연회가 열리기도 했고, 유가족의 친구들도 장례식에 참석했다.

흥미로운 점은 아누비스의 연회 초대장이 15점 이상 남아있다는 사실이다. "내일 아누비스 신의 연회에 초대합니다!"라는 문구가 적혀 있는데, 이 모임이 정말 장례식 식사 모임이었을까? 아누비스가 장례식 연회의 후원자로서 사람들을 초대했을 가능성도 있다. 고인을 기리고자 함께 식사를 나눴을 수도 있다.

잃어버린 호흡을 찾아서: 고대 이집트 장례 의식

장례식 텍스트에는 장례식 전후로 애도와 찬미가 낭송되어야 한다고 명시되어 있다. 죽음의 순간 호흡이 잡히지 않으면 대기에서 방황한다고 믿었기 때문에, '호흡의 서'가 필요했다고 한다. 이 책은 테베에서만 발견되었는데, 이시스가 오빠 오시리스를 생각하여 저술한 것으로 알려져 있다. 호흡은 신생아의 탄생을 나타내는 첫 번째 행동이니, 죽은 자에게 호흡을 돌려주는 의식이 얼마나 중요했는지 짐작할 수 있다.

사제들은 '입 열기 의식'과 같은 특별한 의식을 거행했다. 이 의식은 시체를 되살리고 장기를 다시 작동시키려고 수행되었는데, 공식을 낭송하는 동안 미라의 입을 악기로 두드렸다고 한다. 매장 당일 밤에는 사제들이 고인의 바(영혼)를 깨우는 의식도 거행할 수 있었다. 입을 여는 의식으로 고인은 사후세계에서 다시 말하고 먹을 수 있게 됐다. 의식에 참여하는 사람들은 주로 사제들이었다.

이집트 묘지는 지금은 황량하게 보이지만, 고대에는 술을 마시며 향을 바치고, 장미를 놓아 부활을 기원하는 역동적인 공간이었다.

말라버린 몸에 생명을 불어넣다:
로마 시대 이집트 방부 의식의 비밀

로마 시대 이집트에서 리넨 붕대로 미라를 감싸는 방부 의식이 두 가지 사본으로 남아 있다. 여기에 리넨 붕대로 미라를 감싸는 방법과 함께, 작업 중에 낭송해야 하는 내용이 상세히 설명되어 있다. 방부 의식이 기록된 텍스트는 로마 시대에 단 두 점밖에 발견되지 않았지만, 프톨레마이오스 시대에는 데모틱어로 아피스 황소의 방부 의식이 보존되어 있다.

로마 시대에 보존된 방부 처리 의식은 11개의 장으로 이루어져 있다. "훌륭한 물약으로 그의 머리에 기름을 바르십시오."와 같은 실용적인 지침은 물론, 마법적이고 종교적인 내용도 담겨 있다. "오, 오시리스, &고인의 이름&, NN, 푼트에서 당신의 향기를 완성하기 위해 온 신의 향기가 담긴 몰약은 당신을 위한 것입니다."라는 구절처럼 방부 처리가 진행되거나 끝날 때 낭송해야 하는 전례용 구절들도 포함되어 있다.

몸 전체에 기름을 바르는 것이 중요했는데, 10가지 종류의 연고가 사용되었다. 낭송문에서 오시리스로 불리는 고인은 다양한 기름을 받으며 "기름을 받고 태양의 원반과 하나가 되십시오." "당신과 결합해 당신의 몸을 온전하게 만들어 오시리스와 결합할 수 있기를 바랍니다." 기름의 효과는 신들과 고인을 이어주는 것이었고, 고인의 감각 기관을 회복시켜 내세에서 다양한 활동을 수행할 수 있도록 하는 의미도 있었다.

방부 의식이 끝날 무렵에는 물이 중요한 주제로 다루어진다. 방부 처리 과정인 70일 동안 몸에서 모든 체액을 제거했으니, 물을 공급하는 것이 불가능했다. 그래서 미라가 말라버린 후에 물을 공급하고자, 고인의 손에 천 붕대를 감은 나일강의 신상에 기름을 부었다. 기름을 물로 재해석하여 마술적인 방법으로 물을 공급했던 것이다. "위대한 나일강이 당신의 찬란한 손에.. 물이 당신에게 가기를 바랍니다." "동굴에서 나오는 강이 당신에게 주어져 당신이 마시고 만족할 수 있기를 바랍니다." "당신의 두개골은 물로 가득 차고 당신의 목구멍에 물이 넘칠 것입니다."

시간과 공간을 지나 영원을 가로지르다

유족에 의해 낭송된 영원을 가로지르는 서도 있었는데, 장례식에서 처음 사용된 후 1년에 한 번씩 열리는 고인을 위한 연회에서 낭송되었던 것 같다. "당신의 이름이 산 자의 입에서 불멸하기를." "당신은 낮에 나타날 수 있습니다." "당신은 태양과 하나가 될 수 있습니다." "당신의 얼굴은 빛납니다." "바람은 당신의 목을 열었고 삶이 당신의 몸과 하나가 되었습니다." 이 서에 따르면 고인은 이집트의 여러 신전을 방문하고 다양한 의식과 축제에 함께했다고 한다. '가로지르다'는 단순히 장소에서 이동하는 것뿐만 아니라 시간을 통과하는 의미도 가지고 있었다. 공간과 시간적 차원에서 고인은 영원을 가로지르는 존재가 되는 것이다. 장례 의식은 작별이 아닌 새로운 여행의 출발점이었다. 고인은 언제나 축제에 참여하고, 신전을 순례하며, 지인들과 함께하고 있을 것이다.

6장

쓰러진 우상들

- 서기 4세기 다문화 시대의 종말?

테바이드의 한 노인은 "저는 이교도 사제의 아들이었습니다. 어렸을 때 저는 우상숭배를 자주 드리러 가시던 아버지를 앉아서 몰래 지켜보곤 했습니다.
한번은 아버지 뒤로 몰래 다가갔는데, 아버지 앞에서 사탄과 그의 군대를 환영으로 보았습니다." 라고 말했다.

모든 것은 끝이 가까워지면 쇠락하고 사라지기 마련이다. 서기 3세기 로마에서는 정신적 고통을 표현한 조각들이 유행하기 시작했다. 고뇌에 찬 열망이 변화와 변혁의 갈림길에 놓여 있었다. 그렇다면 미라 초상화는 언제쯤 사라졌을까? 혹시 서기 3세기의 급격한 변화와 관련이 있을까?

제국의 위기와 새로운 희망: 기독교의 부상

서기 3세기, 로마 제국은 경제적, 정치적, 사회적 위기가 한꺼번에 닥치며 정말 힘든 시기를 보냈다. 화폐 가치는 곤두박질쳤고, 불안정한 세상 속에서 사람들은 새로운 교리나 구원을 위한 깊은 사상을 갈구했다. 사람들은 불안한 세상에 맞서 희망을 찾으려 노력했으며, 이는 결국 고대의 종말과 함께 기독교 문화의 부상을 가져왔다.

서기 25년부터 350년 사이, 제국의 종교는 혼합주의와 다원주의의 용광로 같았던 황금기였다. 하지만 3세기에 제국이 큰 변화를 선포하며 결국 기독교를 받아들이게 된다. 1세기부터 기독교가 이집트에 전파되긴 했지만, 그동안 많은 박해를 받았다. 특히 서기 3세기 후반부터 4세기 초반까지 디오클레티아누스 황제의 박해는 정말 극심했다. 이집트에서는 서기 284년을 아예 순교자의 시대로 여길 정도였다. 박해를 피해 이집트 서부 리비아 오아시스로 몸을 숨긴 교인들도 많았고, 다클라 오아시스의 켈리스에 마니교 정착지가 생겼다가 4세기 말에 버려지기도 했다.

콘스탄티누스 황제와 기독교의 확산

이런 상황에서 콘스탄티누스 1세 황제가 기독교를 공식적으로 인정했다는 것은 정말 놀라운 사건이었다. 불과 몇 년 전까지만 해도 박해가 계속되었으니까. 서기 313년에는 이집트 기독교 인구가 20% 미만이었지만, 콘스탄티누스 황제가 사망한 337년에는 50%를 넘어섰고, 세기 말에는 무려 80%를 넘을 정도로 폭발적인 성장을 보였다.

황제는 수도를 콘스탄티노폴리스로 옮겼지만, 새로운 수도의 이데올로기는 아직 기독교적이지 않았다. 하지만 서기 392년 테오도시우스 1세가 이교도 숭배를 금지하는 칙령을 내리면서 이집트 신전들은 문을 닫게 된다. 미라화가 명시적으로 금지된 건 아니었다. 미라화는 7세기까지도 계속되긴 했지만, 이교도는 점차 설 자리를 잃었다. 이집트 신전은 무너지고, 신들은 침묵했다.

이집트 신전의 쇠퇴와 변화하는 신앙

3세기부터 이집트는 제국의 몰락과 함께 운명을 같이할 수밖에 없었다. 마을의 존경받던 지도층은 사라졌고, 마을 공동체 행사도 점차 자취를 감췄다. 사람들은 신탁에 더 관심을 기울이며 자신의 종교적 신념에 책임과 관심을 쏟았다. 신전 주변에는 여전히 대중의 신앙이 남아있었지만, 신전의 재정난이 심해지면서 축제도 줄어들 수밖에 없었다.

"사랑하는 여러분, 신들의 축제가 20일에 열릴 예정이니 배로 오시는지 당나귀로 알려주시면 맞춰서 보내드릴 수 있도록 하겠습니다." 서기 3세기 후반 옥시린쿠스에서 축제를 기다리는 이들의 모습에서, 완전히 사라지지 않은 이교도의 흔적을 엿볼 수 있다.

테오도시우스의 칙령과 콥트 공동체 형성

서기 641년 아랍인들이 이집트를 점령할 때까지 이집트 인구 일부는 여전히 이교도로 남아있었다. 이교도 숭배 금지령에도 불구하고 이집트 남부 필레섬에서는 150년 동안이나 이시스 숭배를 이어갔다고 한다. 하지만 1250년부터 1570년 맘루크 왕조가 이집트를 지배하면서 기독교 인구는 점차 줄어들었다. 테오도시우스 1세는 서기 380년에 기독교를 국교로 선언하고, 이교도 신전 예배를 금지했으며, 수많은 이교도 건물이 파괴되거나 기독교 교회로 바뀌었다. 버려진 신전들은 나중에 교회 건축 자재로 다시 쓰이기도 했다.

콘스탄티노폴리스는 동방의 주요 도시였던 안티오크와 알렉산드리아를 대신해 비잔틴 제국의 중심이 되었다. '콥트(Coptic)'라는 용어는 고대 그리스어 '아이깁티오스(Aigyptios)'에서 유래했는데, 처음에는 이집트인 전체를 가리키는 말이었지만, 나중에 많은 사람이 이슬람교로 개종한 뒤에는 콥트교도만을 지칭하는 용어가 되었다.

신전 건축의 쇠퇴와 교회의 부상

서기 2세기 전반에 요한복음이 쓰였다. 이시스 숭배가 절정에 달했던 때이자 이교도가 번성했던 시기였다. 거대한 건축 프로젝트가 활발하게 진행되어 이집트 신전들이 보수되거나 새로 지어졌다. 하지만 이집트 신전 건축은 안토니우스 시대(서기 138년~161년)까지 점진적으로 감소하다가 3세기 중반에 급격히 줄어들었다. 3세기 말에는 테베의 룩소르 신전이 로마 군사 요새로 바뀌었고, 파이윰 카라니스 북쪽 신전은 3세기 중반,

남쪽 신전은 3세기 말에 버려졌다. 반면 4세기 말에 교회 수가 급격히 증가했다. 파피루스에 따르면 옥시린쿠스에만 12개의 교회가 있었을 정도였다.

기독교 교리 논쟁 가운데서

서기 313년 알렉산드리아에서는 교리 논쟁이 불거졌다. 아들과 아버지를 동일시하는 것을 거부했던 아리우스는 318년에 정죄를 받았고, 동방 전역에 긴장감이 감돌았다. 상황을 진정시키기 위해 콘스탄티누스 황제는 325년에 니케아 공의회를 열고, 성부와 성자는 동일한 존재라고 선언하게 된다.

이처럼 서기 3세기는 로마 제국의 위기 속에서 고대의 종교가 쇠퇴하고 기독교가 급부상하며, 사회 전반에 걸쳐 엄청난 변화가 일어났던 격동의 시기였다. 미라 초상화가 사라진 것도 아마 이런 심오한 변화와 무관하지 않았을 것이다.

이시스 조각상은 신부의 결혼 지참금에 등장했을까?

고대 로마 세계를 통틀어 이집트 여신 이시스의 인기는 대단했다. 그녀는 신의 어머니, 치유의 여신, 생명의 여신으로 숭배받았다. 특히 이집트 밖에서 더 많은 사랑을 받았는데, 로마

아프로디테 청동상, 프티 팔레, 파리,
ADUT1793. © Petit Palais - Musée des beaux-arts de la Ville de Paris.

시대에 이시스 숭배의 중요성이 점차 커지면서 하토르의 모든 속성을 흡수하기까지 했다.

서기 2~3세기에 신부의 결혼 계약서 지참금에 아프로디테 청동상을 포함시키는 관습까지 생겨났다고 한다. 로마 시대에 이시스와 아프로디테의 도상이 혼합된 조각상도 흔했다. 아프로디테와 이시스가 섞인 조각상을 이시스라 부를 수 있을까? 한 아프로디테 청동상은 많은 장신구를 걸치고 있다. 아마 결혼한 여성의 모습을 표현한 것 같다.

호루스의 어머니에서 하나님의 어머니로: 이시스와 마리아의 연결 고리

이시스의 여러 도상 중, 호루스에게 모유를 먹이는 이시스 락탄스(Isis Lactans)의 모습은 특히나 중요한 의미를 가진다. 이시스의 모성적인 특징은 훗날 신의 어머니(테오토코스)라는 경건한 명칭을 얻게 되는 마리아에게 전해졌다. 이시스처럼 마리아도 초기에는 마리아 락탄스로 알려진, 모유를 수유하는 어머니의 모습으로 그려졌다. 물론 이 도상 모델이 이시스의 모습에서 비롯되었는지, 아직 논란의 여지가 있다.

3세기부터 그리스도를 무릎에 앉힌 마리아의 모습이 로마 장례 예술에 등장했다. 여기서 숭배의 대상은 마리아가 아니라 그녀의 아이였다. 하지만 428년 콘스탄티노플에서 마리아에게 주어진 하나님의 어머니(테오토코스)라는 호칭에 문제가 제기되면서 오랜 논쟁이 벌어졌다. 결국 431년 에페소스 공의회에서 마리아가 공식적으로 테오토코스로 인정받게 되었고, 그때부터 마리아는 교회에서 숭배되었다.

한 파피루스에 알렉산드리아의 주교 테오필루스(385년~412년)가 마리아의 승천 축일에 행한 설교 이야기가 전해진다. 도시 외곽의 한 가게에서 가족과 살던 기독교인이 가지고 있던 성모가 그려진 나무 패널을 이야기했다. 가게 주인이 임대료를 올리자, 가난한 기독교인은 임대료를 낼 수 없어 어린 자녀들과 함께 거리로 쫓겨났는데, 급하게 나오느라 그림을 챙기는 것을 잊었다. 가게를 청소하러 온 노동자들은 성모 그림을 껴안고 손과 발에 입맞춤하며 존경심을 표현했다. 이 사실을 알게 된 유대인 주인은 화가 나서 나무 패널을 부수고 일꾼에게 강에 던지라고 시켰다. 그런데 바구니에서 피가 떨어지는 바람에 살인죄로 기소되었다는 것이다. 사람들은 부서진 조각을 교회로 가져가 물과 향유로 씻은 뒤 다시 제단 위의 벽에 붙였고, 테오필루스는 그 그림 속 우울한 눈빛의 성모 마리아를 알아

이시스 점토상, 베를린 이집트 박물관, 베를린,
Äm 8704. © Ägyptisches Museum und Papyrussammlung.

© Antje Voigt-SMB-Museum für Byzantinische Kunst

장례 비석, 베를린 이집트 박물관, 베를린,
Nr.4726. © Ägyptisches Museum und Papyrussammlung.

봤다고 한다. 유대인 상점 주인은 결국 회심하고 세례를 받은 뒤 얼마 지나지 않아 죽음을 맞았다고 한다. 주교의 명령으로 가게는 철거되었고, 병자들은 성모 이콘을 사용해 치유받을 수 있게 되었다는 이야기다. 물론 이 성모 도상이 알렉산드리아에 실제로 존재했는지, 존재했다면 어떤 특징으로 마리아가 그려졌는지는 여전히 많은 의문을 남기고 있다.

한 비석에 젊은 어머니가 앉아 있다. 왼팔에는 아이가 안겨 있고, 오른손은 자연스럽게 아이에게 젖을 물리고 있다. 오랫동안 이 비석은 모유 수유하는 성모 마리아의 모습으로 이해되어 왔다. 사실 이 모티프는 고대 이집트에서 널리 사랑받았던 이시스 여신이 아들 호루스에게 젖을 물리는 모습에서 유래했다. 고대 그리스 비문이 이를 뒷받침한다. 비석에 새겨진 "이름을 읽을 수 없는, 21세, 불멸의 존재는 아무도 없다, 행운을 빌어요." 라는 문구는 이 이미지가 장례 비석임을 명확히 보여준다.

특히 "불멸의 존재는 아무도 없다"는 구절과 "행운을 빌어요"라는 작별 인사는 이교도적 기원을 강하게 암시한다. 머리 좌우에 새겨진 두 개의 큰 십자가는 어떻게 설명할 수 있을까? 아마도 후대에 기독교적인 의미를 부여하려고 추가되었을 가능성이 높다. 이교도적인 이미지에 기독교적인 상징을 덧입혀 새로운 의미를 창조한 것이다.

이집트 신인가, 그리스 신인가?

이집트는 고유의 동물 숭배로 깊은 인상을 남기며 외부의 영향을 잘 받지 않는, 종교적 저항력이 강한 곳으로 유명했다. 하지만 그리스인과 로마인들이 이집트를 통치하면서 이러한 질서는 서서히 변화하기 시작했다.

기원전 7~6세기, 파라오의 요청으로 델타와 멤피스에 그리스 군인들과 상인들이 정착하면서 이집트 신들은 특정 그리스 신들과 상호 작용하게 되었다. 기원전 5세기 헤로도토스는 이집트의 바스테트를 그리스의 아르테미스로, 멤피스의 프타 신전을 헤파이토스 신전으로 불렀다. 이집트 전통이 변형된 것이다. 이모텝은 그리스 신 아스클레피오스와 동일시되었다. 그리스인들은 이집트의 유물을 보려고 나일강을 찾았고, 이집트의 문화와 종교에 깊은 존경심을 가지고 있었다. 알렉산더 대왕이 오기도 전에 이미 이집트에는 헤르메스의 도시 헤르모폴리스, 헤라클레스의 도시 헤라클레오폴리스 같은 그리스식 이름의 도시들이 존재했다.

프톨레마이오스 시대부터 마을과 도시에 정착한 그리스인들은 자신들의 지위를 유지하면서도 이집트인들과 동일한 지역 신을 숭배했다. 때로는 그리스적인 방식으로 숭배했지만, 본질적으로는 같은 신을 믿었던 것이다. 이집트의 위대한 신들은 그리스 신들과 동일시되는 이름으로 알려지게 되었다. 그리스인들은 오시리스를 디오니소스와, 이시스를 데메테르와 동등한 신으로 여겼고, 이집트 신들을 그리스적인 모습으로 묘사하기도 했다. 로마의 영토가 된 이집트는 헬레니즘 문화의 절정을 보여주었다.

하지만 주민들이 숭배하는 신이 그리스 신인지 이집트 신인지 구분하기 상당히 어려워졌다. 마을뿐만 아니라 대도시에서도 특정 장소를 제외하고는 신들의 정체성을 명확히 말하기 힘들었다. 시골 마을에서 국가 신과 지역 신들이 황제의 이름으로 매일 신비롭게 예배를 드렸고, 제국을 보호하는 서기관과 전문 사제들도 있었다. 글을 읽지 못하는 농민들은 사소한 일에도 신에게 관심을 갖느라 바빴다. 이집트어를 사용하고 그리스어를 거의 모르는 평범한 사람들에게는 신의 이름을 부르고 신의 도상을 보는 것만으로도 충분했다. 반면 대도시 특권층은 교육으로 그리스인이 되었고, 로마 시대에 신탁 질문들은 모두 그리스어로 이루어졌다.

예를 들어, 헤르메스는 아누비스처럼 고인을 인도하는 역할을 맡았다. 로마 시대에 들어서면서 이집트 신들의 도상은 더욱 다양해졌다. 이시스가 입은 드레스는 이집트화된 그리스식인지 헬레니즘화된 이집트식인지 알기 참 어렵게 변화되었다.

이집트의 신들은 자신 안에 다른 여러 신을 통합할 수 있었다. 다양한 형태의 혼합주의 경계를 구분하는 것은 정말 어려운 일이다. 고대인들은 우리처럼 딱 잘라 생각하지 않았을 것이다. 오히려 어떤 힘을 가진 신이 다른 힘도 가질 수 있고, 서로 다른 두 신이 같은 힘을 가질 수도 있다고 여겼을 것이다. 이런 식으로 서로 다른 속성을 가진 복잡한 도상 표현은 신자들의 눈에는 완전히 다른 신으로 보일 수도 있었다.

호루스부터 이국적인 헤론까지: 신들의 화려함에 빠져들다

호루스와 아누비스 신은 로마 군복을 입거나 황제로 묘사되기도 했다.

루브르 박물관에 있는 한 부조를 보면, 호루스 신이 승리의 기수로 묘사되어 있는 것을 볼 수 있다. 로마 시대에 이런 주제가 점차 보편화되었다. 아버지의 복수를 하는 호루스는 이집트

호루스 조각상, 루브르 박물관, 파리, E 4850. © Musée du Louvre.

신학에서 아주 기본적인 개념 중 하나였다. 매의 머리를 한 호루스 신이 큰 동물, 악어, 황소 등 적을 상징하는 동물들을 꿰뚫는 모습이 역동적으로 그려졌다. 고개를 돌린 말과 말과 악어의 얽힌 몸은 정말 생동감이 넘친다. 고대 이집트에서 파라오는 종종 호루스처럼 전차를 몰고 나타나는 모습으로 묘사되기도 했다.

전체적으로 이 부조는 플루타르코스의 구절을 떠올리게 한다."그 후, 하데스에서 돌아온 오시리스는 호루스를 찾아 훈련을 시켰습니다.""오시리스는 호루스에게 세상에서 가장 아름다운 것은 무엇이냐고 물었습니다.""아버지와 어머니의 복수를 하는 것이라고 호루스가 대답했습니다.""오시리스는 이어 전투에 나가는 사람들에게 가장 유용한 동물은 무엇이냐고 물었습니다.""말이라고 호루스가 대답하자 오시리스는 놀랬습니다.""사자는 도움을 받을 때 유용하지만 말은 적을 흩어뜨리고 파괴하는 데 유용합니다." 라고 호루스가 대답했습니다."이 말에 기뻐한 오시리스는 호루스가 준비되었다는 것을 알았습니다."이 이야기를 보면 호루스가 얼마나 용맹하고 지혜로운 신으로 여겨졌는지 알 수 있다.

기원전 310년경에는 세라피스(Sarapis)라는 새로운 이름의 신

세라피스 조각상, 루브르 박물관, 파리, **NIII 3087**. © Musée du Louvre.

이 등장했다. 기원전 230년경 그의 숭배가 확고해지면서 알렉산드리아 서쪽 중심부에 사라피스 신전까지 세워졌다. 그리스인들이 멤피스의 인기 신이었던 오시리스-아피스에게 사라피스라는 이름을 붙인 건데, 미라 형태의 오시리스나 황소 아피스와는 전혀 다른 모습이었다고 한다. 그리스 조각상인 하데스와 제우스에서 유래한 외모를 하고 있었다. 사라피스는 다름 아닌 죽은 아피스가 죽음을 통해 오시리스가 되었다는 의미를 가지고 있다. 아피스라는 이름은 이집트어로 '달리는 자'라는 뜻으로, 아피스 의식 경주가 존재했음을 의미하기도 한다.

기원전 3세기 이후 꾸준히 성장했던 사라피스 숭배는 이후 2세기에 걸쳐 인기가 시들해졌다. 새로운 신이 이집트에서 큰 성공을 거두지 못한 것이다. 하지만 이집트가 로마 제국에 합병되자마자 사라피스 숭배는 다시 인기를 얻었고, 서기 3세기 초까지 널리 퍼졌다. 서기 212년 2월 마지막 날, 카라칼라 황제는 동생 게타가 자신을 음모하고 있다고 생각해 죽였는데, 카라칼라는 사라피스에게 빚을 졌다고 선언하며 감사를 표현했다. 디온 카시우스의 기록에 따르면, 서기 215년 말 알렉산드리아에 도착한 카라칼라는 곧바로 세라피움으로 가서 동생 게타를 죽인 칼을 사라피스에게 바쳤다고 한다.

하포크라테스 점토상, 루브르 박물관, 파리, AF 1272. © Musée du Louvre.

가정에서 출토된 하포크라테스 점토상들은, 이 신이 일반 가족들에게 깊이 숭배받았음을 보여준다. 하포크라테스(Harpocrates)는 어린이 신으로, 프톨레마이오스 시대부터 특별한 사랑을 받았다. 테라코타 유물의 수와 다양한 도상을 보면, 고객과 제작자들이 가장 좋아했던 어린이 신이었다는 걸 알 수 있다.

하포크라테스는 다양한 동물을 타고 다니는 모습으로 묘사되는데, 코끼리, 숫양, 거위, 말, 뱀, 오리, 수탉, 개, 개구리, 낙타, 황소, 하마 등 그 종류가 매우 풍부하다. 하포크라테스는 대부분 완전히 알몸으로 표현되지만 때로는 다양한 의상을 입은 모습도 있으며, 머리 장식은 주로 꽃으로장식되었다. 이시스 숭배와 연결된 맥락에서 하포크라테스의 핵심 속성은 풍요로움이었는데, 바로 이러한 특성이 가족 중심의 관심사와 맞아떨어져 도시와 농촌 주민들 모두의 마음을 사로잡았다.

흥미롭게도 하포크라테스는 때때로 헤라클레스의 모습을 차용하여 사자 가죽을 두르고 몽둥이를 든 모습으로도 나타난다. 이는 이집트의 전통적인 어린이 신과 그리스 신들이 서로 영향을 주고받으며 융합된 결과로, 다양한 문화적 요소들이 상호작용하면서 새로운 형태의 모습이 탄생되었다.

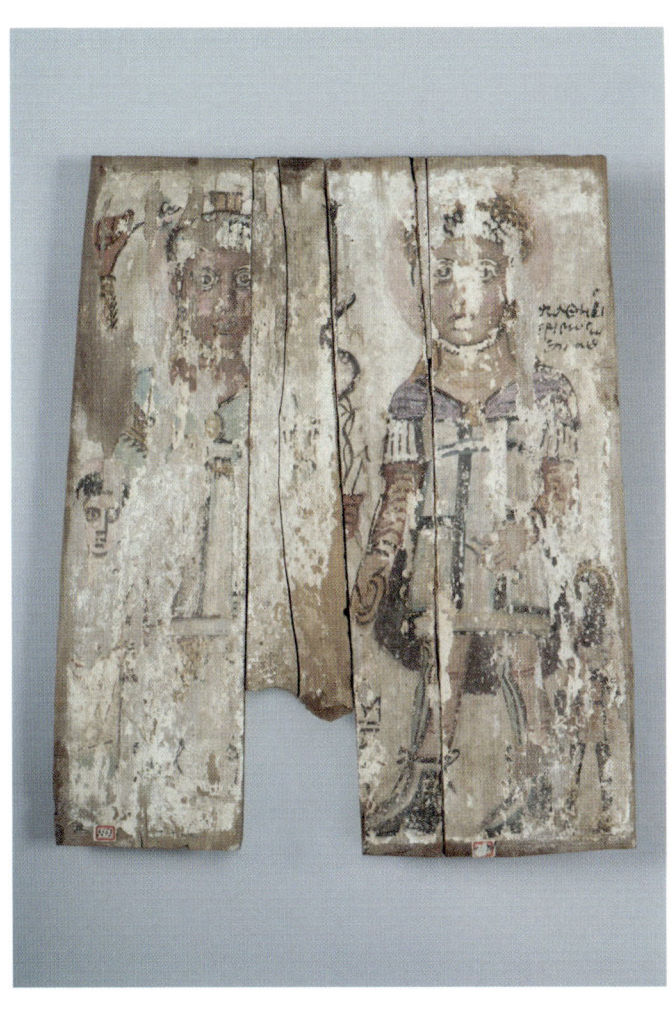

헤론과 도끼를 든 신, 루브르 박물관, RFML.AE.2020.8.1. © Musée du Louvre.

프톨레마이오스 4세 때에 사라피스와 이시스의 아들로 승격되기도 했다.

파이윰에는 이국적인 신 헤론(Heron)이 인기가 많았다고 한다. 위 그림은 서기 2~3세기 파이윰에서 제작되어 사원에 헌정되었을 것으로 보인다. 오른쪽 신이 바로 트라키아의 기병 신 헤론이다. 용병들에 의해 이집트로 전해져 호루스와 동일시되었다. 헤론은 정면을 바라보고 다리는 약간 구부러져 있으며, 눈은 크게 뜨고 시선은 정면을 향한다. 큰 잔을 오른손에 들어 작은 제단 위에 내용물을 붓고 있는 모습이다.

왼쪽 인물은 정면을 보지만 왼쪽을 향해 걷고 있다. 큰 두 귀가 선명하게 보이고, 얼굴 안색이 헤론보다 어둡다. 정면을 응시하는 시선에서 분노가 느껴지는 듯하다. 오른팔을 머리 위로 올려 작은 도끼를 휘두르며, 왼손에는 창과 나뭇가지가 보인다.

이콘의 기원: 이집트 신들의 얼굴에서 기독교 성인들의 얼굴로

로마 시대 이집트에서는 신들이 그려진 나무 패널이 숭배의 목적으로 사용되었다. 기독교인들이 이 관행을 자연스럽게 받아들여, 그 신들을 그리스도, 성모 마리아, 성인, 그리고 천사들로 대체하기 시작했다. 우리가 앞에서 봤던 헤론 그림도 어쩌면 이콘의 기원일 수도 있다.

'시나오이 테오이(Synaoi Theoi)'라는 용어는 같은 신전을 공유하고 그 신전에 드려지는 예배에 함께 참여하는 신들을 지칭하는 말이다. 소베크와 아문이 짝을 이룬 패널 그림도 발견된다. 그런데 흥미로운 점은, 헤론의 경우 고대 이집트 신화나 파피루스에 등장하지 않는다는 점이다. 이는 파이윰 주민들이 주도적으로 선택한 신이라는 것을 의미한다.

현재까지 이런 이집트 신들이 그려진 나무 패널은 50~60점 정도 남아 있다. 이집트가 로마 제국의 영토가 되었을 때 그려진 것들이니, 모두 로마 시대 유물로 분류된다. 이콘(Icon)이라는 용어는 19세기 이후 유럽에서 미술사적 용어로 사용되었는데, 기독교 패널 그림들을 지칭하는 말이다.

알렉산드리아의 클레멘트(160-215년)가 이교도 신들의 이미지를 반대했던 것은 이미지 자체에 대한 혐오라기보다는, 이교도에 대한 혐오에서 비롯된 것이었다. 그리고 선한 목자처럼 기독교에서 사용할 수 있는 중립적인 이미지들도 만들었다. 신의 형상을 모셔 봉헌하거나 감사 제물로 바치던 관습에서 기독교 이콘이 시작된 것이다.

속네브티니스와 아몬, 베를린 이집트 박물관, 베를린, 15979. © Ägyptisches Museum und Papyrussammlung.

초기 기독교 이콘은 약 70점 정도 보존되어 있는데, 이집트 시나이 산 성 캐서린 수도원에 가장 많은 컬렉션이 있다. 미라 초상화는 빛을 받으면 눈이 반짝이는 듯한 효과를 주지만, 신들의 얼굴은 마치 웅장한 조각상처럼 보이고, 후광에서 자체적인 빛을 발산하며 눈에는 반짝이는 반사가 없다는 점이 흥미롭다. 복장이나 상징은 인간과 신을 구분하는 중요한 요소였다. 고대 세계의 화가들은 신이나 여신의 그림을 그려달라는 요청을 받았을 때, 이를 다른 장르의 그림으로 명확히 이해했다고 한다.

후광이 나타나다

후광(Halo)은 고전 그리스 미술이나 이집트 미술에서는 거의 사용되지 않았던 표현이다. 후광은 광원에서 빛이 비추는 것처럼 그려져서, 보는 사람이 고개를 들어 경건한 마음이 들도록 한다. 마치 머리에서 빛이 나와 표면을 비추는 것처럼 보이는 효과를 준다. 그리스도의 빛나는 후광은 요한복음 8장 12절의 "나는 세상의 빛이다"라는 구절을 떠올리게 한다.

영적 논쟁: 요한 외경에서 바우이트 수도원까지

요한 외경은 기독교 이콘의 가장 오래된 문학적 증거로 꼽힌다. 이 외경에 따르면, 사도 요한이 새로 개종한 제자가 요한을 묘사한 이콘을 숭배하는 것을 보고 놀라서 "왜 아직도 이교도로 사느냐."고 말했다고 한다. 이 외경은 신약성경에 포함되지 않았지만, 754년 히에리아 공의회에서 이 외경을 인용하면서 다시 주목받았고, 성상 숭배 반대의 귀중한 증언이 되기도 했다.

이콘은 단순히 교리나 교훈을 전달하는 것을 넘어, 영적인 체험을 주는 역할을 했다. 이집트에서는 수도원장을 아파(Apa)라는 직함으로 불렀다.

1901~1902년 바우이트에서 발견된 성 메나(Saint Menas)와 예수 그리스도의 이콘은 정말 흥미로운 작품이다. 푸른 언덕과 석양으로 붉게 물든 하늘 배경이 인상적이다. 그리스도는 수도원장 메나를 보호하는 듯한 제스처를 취하고 있다. 하늘 배경 왼쪽과 언덕 배경에는 '수도원장 아파 메나'라는 문구가, 그리스도의 머리 근처에는 '구세주'라는 명문이 새겨져 있다. 이 둘 사이에는 그리스도의 합자인 P와 X가 보인다. 수도원장은 한 손에 두루마리를 들고 다른 한 손으로는 축복의 제스처를 취한다. 반면 그리스도는 진주와 카보숑이 박힌 책을 들었다. 그

성 메나와 예수 그리스도, 루브르 박물관, 파리, E 11565. © Musée du Louvre

리스도 머리의 후광이 더 크고 십자가가 있는 것은 두 인물 사이의 위계를 보여준다. 수도원장의 발과 그리스도의 발, 그리고 후광은 프레임의 흰색 띠를 넘어 뻗어 있어, 그림이 공간을 초월하는 듯한 느낌을 준다.

바우이트 수도원에 있는 몇몇 비문에는 자신의 작품임을 증명하거나 천사의 보호를 받기를 원했던 화가들의 이름이 언급되어 있다. "나 화가 요한은 벽에 그림을 그리기에 합당하다는 판단을 받았습니다." "하나님께서 저에게 자비를 베풀어 주시도록 기도해 주십시오." "아멘." 이러한 비문들을 통해 당시 화가들의 신앙심을 엿볼 수 있다.

테베에서 로마 황제를 숭배하다

이집트 테베의 룩소르 신전 내부 황제 숭배실 벽화는 정말 흥미롭다. 이것을 보면 로마 제국이 혼란스러운 세상을 다스리려고 얼마나 고심했는지, 그리고 권력을 어떻게 보여주고 싶어 했는지 엿볼 수 있다.

디오클레티아누스 황제가 만든 테트라키아(Tetrarchia) 체제, 즉 제국을 나눠 다스리는 네 명의 황제를 숭배한 벽화다. 이는 로마 권력의 구조와 표현 방식이 확 바뀐 시점을 보여주는 것이다.

이 황제 숭배실은 원래 이집트 파라오를 숭배하던 공간이었고, 아문-라 신을 모시던 곳 바로 옆에 자리 잡고 있었다. 의도했든 안 했든, 이런 위치 선정은 룩소르 신전이 가진 파라오 시대의 상징성과 기가 막히게 맞아떨어진다. 승리와 신성한 왕권이라는 주제 역시 룩소르 신전 맥락과 찰떡같이 어울리는 것이었다.

디오클레티아누스는 룩소르 신전 한 부분을 이렇게 로마식으로 바꾸기 전에 이집트에서 일어난 반란을 진압하고 자신의 통치력을 다시 한번 확실하게 다졌다고 한다.

숭배 그림은 로마에 살던 화가들이 황제와 함께 이집트를 방문했을 때 그린 것으로 추정된다. 연대는 서기 3세기 후반~4세기경으로 알려져 있는데, 이집트 미라 초상화가 테베 지역에 뒤늦게 나타나기 시작한 시기와 사라진 시기와 어느 정도 맞물린다. 혹시 어떤 연관성이 있었을까? 미라 초상화 등장이 로마 문화의 영향과 관련이 깊다는 점을 고려하면, 뭔가 의미심장한 연결고리가 있을지도 모른다는 상상을 해보게 된다.

파라오 시대부터 왕권의 상징적인 중심지였던 신성한 공간에, 이렇게 로마 황제의 이미지를 배치한 것은 의도가 있었을 것이다. 이것은 로마가 이집트의 유구한 역사와 권위를 자기

룩소르 신전에 그려진 로마 프레스코화. © Wikimedia Commons.

것으로 흡수하고, 새로운 시대를 선포하려는 강력한 메시지였다고 볼 수 있다.

제국의 그림자 아래 사라져간 미라 초상화

서기 3세기 중엽, 늦어도 4세기에 미라 초상화가 자취를 감추게 된다. 이는 미술 양식의 변화가 아니라, 당시의 문화, 종교, 경제적 변화와 깊이 연관되어 있다. 시신을 보존하고자 직물로 간단히 포장하는 방법은 계속되었지만, 화려했던 미라 초상화는 이제 역사의 뒤안길로 사라진 것이다. 미라 초상화의 종말은 기독교의 발전과 떼려야 뗄 수 없는 관계를 가진다.

가장 오래된 미라 초상화는 아마 티베리우스 황제 시대(서기 14~37년)에 제작되었을 것이다. 하지만 3세기 초부터 그 수가 급격히 줄어들기 시작했다. 1세기 초상화는 자연주의적이고 조형적이었던 반면, 2세기부터는 점차 도식적인 형태로 바뀌었다. 세베루스 왕조(서기 193~235년) 초부터 미라 초상화는 점진적으로 감소했다.

그렇다고 경제적 위기 때문에 미라 초상화가 사라졌다고 보기는 어렵다. 같은 시기에도 석관 제작은 계속되었고, 최고 품질의 모자이크, 상아 조각, 유리가 생산되어 전례 없는 수준으로 번영했다. 다만, 나무 수입이 어려워지면서 초상화 제작이 중단되었을 가능성은 있다.

미라 초상화의 종말은 이집트의 여러 사회 집단이 이교도 숭배를 포기했다는 증거이기도 하다. 고대 이집트 신앙이 전반적으로 약해지고 있었다는 뜻이다. 마지막 이시스 축제가 서기 257년에 열렸고, 3세기 후반에는 이시스 숭배가 상당히 줄어들었다.

서기 212년에 모든 사람이 로마 시민권을 받으면서 많은 변화가 있었다. 대도시에는 의회가 세워졌고, 셉티미우스 세베루스 황제의 행정 개혁으로 지방 상류층에게만 주어지던 특권이 다양한 사회 계층에도 적용될 수 있게 되었다. 이런 사회 전반의 변화가 미라 초상화의 종말에도 영향을 미쳤을 것이다.

디메의 몰락은 미라 초상화와 관련 있었을까?

파이윰 모에리스 호수 북쪽에 있는 속노파이우 네소스는 짧게 디메(Dime)라고도 불린다. 카이로에서 메디넷 엘 파이윰 방향으로 고속도로를 타고 2시간 가면 카라니스에 도착하고, 다시 2시간을 더 달려야 디메에 도착할 수 있다. 1909~1910년 프로이센 왕립 박물관, 1931~1932년 미시간 대학교의 발굴이 이

서기 4세기의 여성 초상화, 루브르 박물관, 파리, MND 2029. © Musée du Louvre.

어졌고, 2003년부터는 이탈리아 대학 팀들이 과학적인 방법을 사용해 유적지를 탐사하기 시작했다.

속노파이우 네소스는 이집트 신 소베크의 섬으로 알려져 있다. 이름 자체도 호수 기슭에서 2km 떨어진 섬 모양의 지형에서 유래했다고 한다. 정확히는 길이 660미터, 폭 350미터 정도의 타원형 고원으로 주변 지형보다 최대 13미터 높이 솟아 있었다. 디메와 테브티니스는 보존 상태가 좋고 인근에서 파피루스가 많이 발견되기 때문에 파이윰 신전 중에서도 매우 중요하게 여겨졌다. 실제로 디메는 파이윰에서 파피루스가 가장 많이 발견된 곳 중 하나다.

그런데 흥미롭게도, 디메의 모든 기록들은 서기 230년 이후 갑자기 중단된다. 마을 사람들의 주된 활동은 직물 생산이었는데, 신전에서 축제가 열리는 시기에 많은 사람들이 마을을 방문했던 것으로 보인다. 축제는 디메에게 정말 중요했고, 마을의 갑작스러운 몰락에 결정적인 영향을 미쳤을 거라 짐작된다. 로마 통치 기간 250년 동안 마을의 번영을 책임졌던 것이 바로 축제였다.

사제들은 점차 지역 사회의 후원을 받아 신탁을 봐주면서 돈을 벌었는데, 디메의 사제들은 이를 빠르게 받아들인 것으로

속노파이우 네소스. © Soknopaiou Nesos Project.

보인다. 축제는 여행객들을 유치했고, 신탁 시스템으로 수익을 창출했던 것이다. 하지만 서커스 같은 새로운 볼거리들이 대중의 관심을 끌기 시작하면서 디메는 점차 인기를 잃고 쇠퇴하게 되었다. 미라 초상화가 사라진 것도 사람들의 관심사가 점차 바뀌었기 때문은 아닐까?

비잔틴 시대 이집트: 전통과 변화 사이에서

이집트의 장례 관습은 비잔틴 시대에도 놀랍게도 지속되었

속노파이우 네소스. © Soknopaiou Nesos Project.

다. 물론 새롭게 독창적인 도상이 개발되기도 했지만, 기본적인 방식은 이어져 내려왔다. 뇌나 내부 장기를 제거하는 미라화 과정은 일부에서만 이루어졌고, 대부분 생략되었다. 대신 4세기 이후부터 소금을 넉넉하게 사용해서 미라를 만들었다고 한다.

흥미로운 사례로 서기 395년에 사망한 알렉산드리아의 대주교 티모테우스는 파피루스 사본에 싸인 채 미라로 매장되었다고 한다. 8세기까지도 이렇게 간소화된 매장 방식이 유지되었다.

망자들은 생전에 입었던 일상복이나 의식복을 입은 채 묻혔다. 안티누폴리스에서는 알베르 가예가 발굴한 동양 옷을 입은 미라들이 발견되기도 했다. 묘지에서 페르시아-사산 비단이나 인도 면직물이 나왔다는 것은 당시 국제적인 교류가 얼마나 활발했는지 보여주는 증거이다.

타이스와 미리티스: 대중을 사로잡다

알베르 가예는 1901년 안티누폴리스에서 발견한 미라의 이름을 타이스(Thais)로 바꾸었다. 아나톨 프랑스 소설의 주인공 타이스에게서 영감을 받은 것으로, 수도사를 유혹하려다 감화되어 사막에서 평생 참회하며 살았다는 알렉산드리아의 매춘부이다. 이 발견은 가예에게 세라피온의 무덤과 함께 가장 매혹적인 사건이었다. 1902년에 안티노에, 타이스와 세라피온의 무덤이라는 책까지 저술했다.

발굴된 타이스의 시신은 머리가 동쪽을 향하고 있었고, 여성인 타이스는 다섯 겹의 옷을 입고 있었다고 한다. 석관 안과 무덤에서는 다양한 물건들이 발견되었다. 1901년 파리 기메 박물관에서 열린 발굴 결과 전시회에서는 타이스의 미라가 세라피온의 미라와 함께 전시되었는데, 관람객들은 알렉산드리아

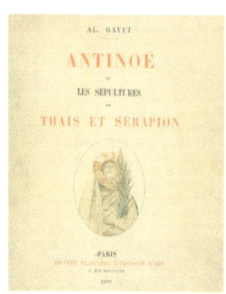

알베르 가예의 출판물과 미라 타이스, 인류 박물관, 파리, **MH 27.310.** © Musée de l'Homme.

에서 개종한 젊은 매춘부 타이스의 이야기에 빠르게 매료되었다고 한다. 가예의 설명에 따르면 타이스의 옷은 여러 겹으로 겹쳐진 조각들로 이루어져 있었는데, 이는 장례식을 준비한 친척들이 최고급 의상으로 묻어주려 했던 마음을 반영한 것이라고 한다.

가예가 1902~1903년 발굴 캠페인에서 발견한 미리티스(Myrithis)의 무덤 또한 많은 관심을 받았다. 가예는 무덤에서 발견된 유물들이 로마 시대에 유행했던 마술품이라고 생각했다. 파리 기메 박물관의 유물 전시 책자에서도 미리티스는 마법의 여인으로 묘사되었다. 가예가 대중을 상대로 미리티스 무덤을 주제로 강연했을 때 열광적인 반응이 쏟아지기도 했다.

미리티스는 나뭇잎으로 덮인 침대 위에 안치되었고, 다양한 종류의 나뭇잎이 고인을 둘러싸고 있었다고 전해진다. 이러한 상황을 근거로 가예는 미리티스를 마술사라고 칭하였다. 식물 화환이 고인의 머리에 놓여 있기도 했다.

미리티스 무덤에서 발굴된 장례 유물은 로마 시대의 것들과 유사했으나, 방사선 탄소 연대 측정 결과 이 여성은 비잔틴 시대에 사망했음이 밝혀졌다. 이는 당시 이집트의 종교적 신념이 로마 시대에 더 가까웠음을 시사하며, 로마 시대 유물 생산이 비잔틴 시대까지 지속되었을 가능성을 보여준다. 또한, 이집트에 기독교가 전래된 이후에도 이교도 신앙이 이어졌으며, 유물들은 상당히 정형화된 형태를 보였다.

무역과 종교 도상의 변화

로마 시대에는 염색하기 쉬운 양모가 지중해 전역으로 확산되었다. 로마 시대의 오래된 직물은 콥토스와 홍해 사이의 동부 사막 경로에서도 발견되었다. 이집트 홍해 항구로 유통된 인도산 면직물은 이집트에 빠르게 퍼지며 이집트 염색공들의 명성을 높였다고 한다.

비잔틴 시대 이전에는 비단이 희귀하여 널리 사용되지 않았

1904년 1월 10일 일요일 Petit Journal에 수록된 안티누폴리스 발굴 삽화.
(Calament, F., 2005, *La Révélation d'Antinoé par Albert Gayet. Histoire, archéologie, muséographie*, vol 1, p. 16).

으나, 비잔틴 시대에 사산왕조 페르시아가 극동 지역과 로마를 잇는 무역 허브 역할을 하면서 비단 유통량이 크게 증가하였다. 이러한 직물들은 주로 안티누폴리스에서 발견되었으며, 연대는 서기 4세기 이후로 추정된다. 당시 인기 있었던 모티프는 기하학적 패널, 그리스-로마 신들, 야생 동물, 환상 동물 등 다양했다.

종교적 도상에서도 변화가 나타났다. 한 비석에 새겨진 "주님, 당신의 종 마리아의 영혼을 쉬게 하소서"라는 비문은 이집트 문화와 기독교 문화가 결합하여 새로운 형태의 십자가가 탄생했음을 보여준다.

상형문자 앙크(Ankh)는 '생명의 열쇠'로 불리는데, 타원형 손잡이에 T자 모양이 달린 형태이다. 고대 이집트인들은 신들이 파라오가 사망 후 사후세계로 들어갈 때 이 열쇠를 사용하여 입을 열었다고 믿었다.

닻의 용도와 상징은 이집트 최초의 기독교인들에게 잘 알려져 있었다. 기독교인들은 닻을 사후세계로 가는 열쇠라기보다, 생명, 즉 예수 그리스도의 십자가 죽음으로 얻은 생명의 상징으로 여겼을 것이다. 따라서 닻은 '생명의 십자가'라고 불린다. 아주 초기에는 앙크의 타원형 손잡이 형태와 구별하기 위

묘비, 비잔틴 미술관, 베를린,
Nr. 4728. © Skulpturensammlung und Museum für Byzantinische Kunst.

묘비, 루브르 박물관, 파리, **AF 11891.** © Musée du Louvre.

해 완벽을 상징하는 원으로 바뀌었고, 때로는 이중 원이 되기도 했다. 삼중 원의 경우 삼위일체를 의미하였다. 카르가 오아시스의 바가와트 묘지에서는 두 개의 일반 십자가 사이에 앙크가 있는 경우도 발견된다.

초기 기독교의 이집트 전래

마태복음에 따르면 요셉과 마리아는 헤롯왕이 베들레헴의 두 살 이하 모든 아이들을 죽이라고 명령했을 때 예수와 함께 이집트로 피신하였다. 이집트에서 기독교가 어떻게 시작되었는지는 복잡하고 까다로운 문제 중 하나이다. 사도행전 18:24-19:7에 따르면, 알렉산드리아 출신으로 성경에 정통한 아볼로스가 에페소스와 고린도에 머물면서 예수의 메시아 자격을 둘러싼 논쟁의 중심에 서게 되었다. 2세기 초반의 요한복음 조각 파피루스와 2세기 후반의 기독교 파피루스 조각들이 발견되었으며, 3세기에 이르러 이집트가 본격적으로 기독교화되기 시작하였다.

기독교 확산과 신전의 변화

기독교인들은 점차 이교 신전들을 점령하기 시작하였다. 385년 동방 총독이 이집트를 방문하여 신전을 폐쇄하고 제우스에게 제사를 금지하였다. 391년에는 알렉산드리아 총대주교 테오필루스가 알렉산드리아의 디오니소스 신전을 교회로 개조하려고 시도하였다. 알렉산드리아 남쪽의 거대하고 웅장한 성 메나스 교회는 고대에 인기 있는 순례지가 되었다. 3세기부터 기독교인들은 집에서 기도를 드렸다. 기독교인들이 이집트 신전을 교회에 맞게 개조하였지만, 많은 경우 적합하지 않았다. 오늘날에도 이집트 신전 벽에 여전히 콥트 십자가가 새겨져 있다.

교회의 사회적 역할과 자선 사업

교회는 자선 재단을 유지하여 가난한 사람들에게 보조금을 지급하고 과부를 지원하는 등의 활동을 펼쳤다. 이러한 교회 재산을 쏟아부은 선행은 많은 신자의 마음을 끌어당겼다. 4세기 자선 사업은 기독교 문헌에서 주교의 핵심 임무 중 하나로 기록되었다. 가난한 사람들에게 음식과 옷을 나눠주는 자선 활동이 활발히 이루어졌으며, 주교들은 취약한 계층에 특별한 관심을 기울였다. 그리스 로마 사회에서 전례가 거의 없었던 교회의 가장 큰 특징은 취약 계층을 위한 기관(병원, 고아원, 사회 서비스 센터, 양로원)을 설립한 것이었다. 이러한 기관들은 상당한 비용을 수반했지만, 그 이전의 자선 사업이 특권층을 위한 것이었던 것과 달리 가난한 사람들을 실질적으로 도왔다.

교회 전통과 초기 증거들

이집트 교회 전통에 따르면 마가복음의 저자 마르코가 알렉산드리아에 도착한 시기는 서기 43년으로 기록되어 있다. 그러나 초기 기독교 기록은 침묵한다. 기독교인들은 서기 3세기 이전까지 이집트의 어떤 문서에서도 거의 언급되지 않았다. 학자들은 초기 흔적을 찾으려고 노력하고 있지만, 공식 문서나 계약서와 달리 모든 파피루스에 황제 재위 연도가 적혀 있지 않아 시대를 파악하기 어렵다. 2세기 말 이전 알렉산드리아 기독교의 존재에 대해서는 개략적인 증거만 남아있으며, 이집트 지역에 대한 정보는 거의 남아있지 않다. 189년 데메트리우스가 알렉산드리아의 주교로 취임한 것을 시작으로 증거가 점차 증가하기 시작하였다. 그는 43년간 재직하면서 이집트 교회에 뚜렷한 흔적을 남겼지만, 매우 단편적인 정보만 남아있다.

고고학적 증거와 발전

3세기 고고학적 유적은 기독교 유적으로 판별하기 쉽지 않으며, 4세기에 이르러서야 도시와 마을에 교회가 생겨났다는 강한 증거가 발견된다. 파피루스는 3세기 후반에 유용한 정보를 제공하기 시작하며, 시골 지역에 교회 네트워크가 발달했고 교회 장로들 간의 활발한 서신 교환이 이루어졌다. 알렉산드리아의 위대한 인물들, 즉 알렉산드리아의 클레멘트(160-215년)는 엘리트 교육을 받은 부유한 인물이었다. 더 중요한 인물은 오리겐으로, 부유한 기독교 집안에서 태어났지만 10대 후반에 기독교 박해로 아버지를 잃고 가난에 시달렸다. 그는 가족을 부양하기 위해 문학 교사로 일했으며, 주교의 눈에 띄어 기독교 세례를 준비하는 사람들을 가르치도록 요청받았고 많은 지원을 받아 광범위한 글을 많이 남겼다.

수도원 문화의 발전

이집트는 기독교 수도원의 요람으로 묘사된다. 6세기까지 이집트에는 수백 개의 수도원 공동체가 존재하였다. 세속의 삶을 거부한 유명한 수도사들은 '사막의 아버지들'로 묘사되었으며, 사막은 금욕을 실천하고 기도에 삶을 집중하는 개념적 공간이었다. 붉은 수도원과 백색 수도원은 고대 이집트 신전의 외관을 연상시키며, 벽에는 창문이 뚫려 있어 빛과 공기를 제공하였다. 파노폴리스 맞은편의 백색 수도원은 가난한 사람들을 대규모로 먹여 살렸다고 기록되어 있다.

예배 의식과 문화

초기 기독교 예배 의식에서는 성사와 성찬식이 정기적으로 거행되었다. 성사에서 빵과 포도주가 세례를 받은 신자들에게 분배되었다. 수도원 벽화는 이집트 수도원 문화의 풍요로움을 보여주며, 도상 이미지는 모방할 수 있는 성스러운 모델을 제공하여 영적 세계를 가시화하였다. 사도행전에서 볼 수 있듯이 성상 앞에 촛불을 바치는 관습은 2세기 이교도와 기독교 사이에서 비슷하게 행해졌다. 카라니스 예배당의 이시스 신상 앞에는 램프가 고정되어 있었고, 소하그의 붉은 수도원에서는 서기 600년경 성모상 앞에 램프와 향로가 매달려 있었다. 복잡한 그림들은 세 개의 아치형 공간으로 구성된 삼중창 배열로 구성되었으며, 두 층의 틈새에는 제단의 신비가 담겨 있었다. 제단에 접근하기에 합당하다고 여겨지는 사람만이 신비의 전개를 볼 수 있는 특권을 누렸다.

결론적으로 신약성경에서 이집트가 여러 번 언급되지만, 기독교가 어떻게 시작되었는지는 여전히 모호하다. 현존하는 신약성경의 가장 오래된 텍스트 자료는 2세기 후반으로 측정되며, 이집트 기독교의 초기 역사는 단편적인 증거들을 통해서만 추정할 수 있다. 그럼에도 불구하고 이집트는 기독교 역사에서 특별한 역할을 하였으며, 특히 수도원 문화와 신학 발전에 큰 기여를 하였다.

 이집트의 고대 후기는 여러 면에서 찬란하고 매력적인 시대로 변화를 겪으며 발전하기 시작하였다. 새로 태어난 아이들은 이제 이집트 신전이 아닌 교회로 발걸음을 옮겼다.

에필로그

아름다운 얼굴의
그대에게

미라 가면에서 미라 초상화로

　카이로의 이집트 박물관을 방문한 이들은 엄청난 규모의 유물에 압도당하는 느낌을 받을 것이다. 수천 년의 세월이 흘렀지만, 고대 이집트의 신비로운 매력은 모래바람을 뚫고 말을 걸어오는 듯하다.

　3천 년이 넘는 긴 시간 동안 이집트인들은 죽음을 넘어 오시리스와 하나가 되려 노력했다. 알렉산더 이후 300년 넘게 헬레니즘 문화의 영향을 받았음에도 불구하고, 장례 예술에 결정적인 변화가 찾아온 것은 로마가 이집트를 점령한 이후였다.

미라 가면, 맨체스터 박물관, 맨체스터, no. 2179. © Manchester Museum.

그럼에도 고대 이집트 전통은 끈질기게 이어졌음을 알 수 있다. 미라 초상화는 로마 시대 이집트를 대표하는 유물이 되었다.

어떻게 그토록 생생하고 자연스럽게 그렸을까? 그들은 죽음을 아름답게 만들고 싶어 했고, 이상적인 모습으로 영원히 기억되기를 바랐다. 이러한 상태를 고대 이집트에서는 마치 코브라가 공격하는 순간처럼 생동감 있고 역동적으로 묘사했다. 다가올 죽음에 대한 자신감이 있었던 것은 아닐까?

미라 초상화가 고인이 살아 있을 때 그려진 것인지, 아니면 죽은 후에 그려진 것인지는 여전히 알 수 없다. 아무리 그림이 사실적이라 해도 살아생전의 모습을 담았다고 단정하기는 어렵다. 초상화들이 원래 어떤 용도로 사용되었든, 결국 고인과 함께 무덤에서 마지막 여정을 함께했다.

파피루스 기록에는 고인의 임종 장면이나 그 이후 내용은 남아있지 않다. 삶의 마지막 순간에 고인은 아마 혼자가 아니었을 것이다. 죽은 자의 영역으로 들어가는 문 앞에서 지인들은 고인의 행운을 빌어주었을 것이다.

미라 가면은 오래전부터 존재했다. 5~6왕조 초기에 만들어졌다는 증거도 있으며, 중왕국 시대에는 보편적으로 널리 퍼져 있었다. 로마 시대의 장례용 가면은 현재까지 최소 1,350점 이

소년 가면, 메트로폴리탄 미술관, 뉴욕,
12.182.46. © Metropolitan Museum of Art.

남성의 초상화, 맨체스터 박물관, 맨체스터, Inv. 1767. © Manchester Museum.

상이 발견되었다.

이러한 장례용 가면은 파라오 시대부터 수천 년에 걸쳐 이어진 이집트의 오랜 전통으로, 고왕국 시대부터 다양한 변화와 발전을 거쳐왔다.

고왕국 시대의 장례용 가면은 고인의 몸에 석고를 직접 부어 굳힌 후 장식하는 방식으로 제작되었다. 이는 가장 원시적이면서도 직접적인 제작 방법이었다.

중왕국 시대에는 제작 기술이 크게 발전하였다. 석고가 아직 젖어 있을 때 별도로 제작된 눈을 삽입하고, 금이나 페인트로 표면을 덮는 정교한 기술이 개발되었다.

신왕국 시대에는 투탕카멘의 가면과 같은 왕들의 화려하고 웅장한 가면들이 제작되었다. 이 시대의 가면들은 최고의 기술력과 예술성을 보여준다.

헬레니즘 시대에 제작된 가면들은 전통적이고 표준화된 형태를 보였으며, 특히 눈과 가발의 표현이 정형화되었다.

로마 시대에는 가면이 새로운 형태로 변화하였지만, 종교적 본질은 잃지 않았다. 이 시대의 가면은 머리와 상체를 동시에 덮는 형태로 발전하였으며, 경우에 따라서는 복부 아래까지 덮는 가면도 제작되었다.

가면의 주된 목적은 고인의 얼굴을 내세에서 온전하게 보존하고 완전성을 보장하는 것이었다. 가면은 고인에게 새로운 시야를 제공하여 명계로 가는 길의 위험을 판단하는 데 필요한 통찰력을 부여한다고 믿어졌다. 특히 눈은 생명의 상징으로 여겨졌으므로, 가면 제작에서 눈의 표현에 특별한 관심을 기울였다. 이는 이집트 신화에서 세트에게 머리를 잘린 오시리스가 머리 없는 존재가 되는 것과 같은 신화적 영향을 반영한다.

로마 시대의 가면은 석고 주조, 카르토나주, 목재 등 다양한 재료로 제작되었다.

가면은 주문 제작되어 고객과 장인 사이의 대화 과정을 거쳐 만들어지거나, 대량 생산되기도 하였다. 미라 가면 작업장은 아직 발견되지 않았지만, 묘지나 방부 처리 시설 근처에 위치했을 것으로 추정된다. 복잡한 가면의 경우 여러 전문 장인들이 협력하여 제작했을 것으로 보인다.

로마 시대 가면은 시간이 지남에 따라 머리가 서서히 들어 올려지는 현상이 관찰되며, 점차 입체 조각으로 발전하였다.

- 1세기: 머리가 수평
- 2세기: 머리가 들어 올려짐

- 3세기: 몸과 거의 직각을 이루며 명확히 드러남
- 4세기: 거의 구형의 머리로 발전

『사자의 서』151장을 보면 고인이 신들의 권능을 부여받는 내용이 나오는데, 이 장에서 미라 가면은 '우아한 얼굴' 또는 '아름다운 얼굴'로 번역된다. 미라 가면은 미라의 얼굴에 씌워져 고인이 눈을 다시 볼 수 있는 능력을 회복시켜 주었으므로, 곧 시력의 주인이었다. 방부 처리 과정에서 얼굴이나 신체의 완벽함은 매우 중요했다.

"당신의 얼굴은 완벽한 얼굴로 장식될 것입니다"라는 문구에서 얼굴의 중요성을 엿볼 수 있다. 미라 초상화는 고인의 얼굴을 대신했고, 신체적 완전함을 보장함으로써 고인을 불멸의 지위로 끌어올렸다. 다시 말해, 미라 초상화는 미라 가면의 대안으로 제작된 것이다. 고대 이집트인들에게 머리는 정말 중요했다. 튼튼하게 만든 가면으로 혹시라도 머리가 손상되었을 때 이상적인 모습으로 얼굴을 보존할 수 있었기 때문이다.

주문 151은 기원전 1650년에 만들어진 것으로 알려져 있다. 신왕국 시대부터 프톨레마이오스 시대까지 전해지는 『사자의 서』 주문 151a는 많은 것을 알려준다. 주문 151은 미라를 위한 마지막 의례였고, 투탕카멘의 미라 가면에도 새겨져 있는 주문이다. 주문 151장에서는 아누비스가 사자 침대에 놓인 고인을 방부 처리하고, 네프티스와 이시스가 고인을 애도한다.

한 로마 시대 미라 가면의 옆면과 가슴 아랫부분을 보면, 전통적인 이집트 도상이 그려져 있다. 죽은 고인을 아누비스가 방부 처리하는 장면이 묘사되며, 슬픔에 잠긴 이시스와 네프티스, 그리고 잔을 들고 고인을 애도하는 호루스의 두 아들도 볼 수 있다. 미라 초상화가 왜 생겨났는지 『사자의 서』 151장에 답이 있었던 것이다.

주문 151은 아누비스가 고인을 안내하며, 한 쌍의 눈을 천상의 눈으로 변화시킨다고 말한다. 미라 가면의 눈과 이마 등은 이집트 신들과 동일시되어 고인이 지하 세계에 무사히 도착할 수 있도록 돕는 역할을 했다. "아름다운 얼굴의 그대에게, 당신의 오른쪽 눈은 태양의 밤의 배이고 왼쪽 눈은 낮의 배입니다. 위대한 신 앞에서 아름다우니 그가 당신을 볼 수 있습니다." 이처럼 미라 가면에서 눈은 정말 중요했다. 미라 초상화의 거대한 눈동자 역시 미라 가면 눈동자처럼 아름답게 보여야 했던 이유였다.

모래 사막 끝자락에서 별들이 석양 빛과 어우러져 은은한 울림을 만들어낼 때, 소리없는 침묵 속에서 고인은 마침내 불멸의 존재가 되었다. "당신의 바는 영원토록 살 것입니다." "당신의 이름은 서쪽 산맥에 닿을 것입니다."

우리는 누구였고, 어디로 향하고 있는 걸까? 제국이 종말을 맞이하고 있다. 사후세계로 가기 전에 한 사람에게 전달할 수 있는 무언가가 있어야 한다. 미라 초상화 속에서 로마 시대 이집트에 살았던 사람들의 삶을 엿볼 수 있었다. 개인의 삶은 실제 역사책 내용보다 훨씬 더 복잡하고 다양했다. 과거는 우리가 생각한 것보다 훨씬 복잡했던 것이다.

미라 초상화 주요 참고문헌 및 박사논문

Berger, J. -E., 1977, *L'œil et l'éternité. Portraits romains d'Égypte*, Paudex.

Bierbrier, M. L. (ed.), 1997, *Portraits and Masks. Burial Customs in Roman Egypt*, London.

Borg, B., 1996, *Mumienporträt. Chronologie und kultureller Kontext*, Mainz.

Borg, B., 1998, *Der zierlichste Anblick der Welt. Ägyptische Porträtmumien*, Mainz.

Corcoran, L. H., 1995, *Portrait Mummies from Roman Egypt (I-IV Centuries A.D.) with a Catalog of Portrait Mummies in Egyptian Museums*, SAOC 56, Chicago.

Doxiadis, E., 1995, *The Mysterious Fayum Portraits. Faces from Ancient Egypt*, London.

Drerup, H., 1933, *Die Datierung des Mumienporträts*, Paderborn

Edgar, C. C., 1905, *Graeco-Egyptians Coffins, Masks and Portraits*, CGC, Cairo.

Flinders Petrie, W. M., 1889, *Hawara, Biahmu and Arsinoe*, London.

Flinders Petrie, W. M., 1911, *Roman Portraits and Memphis*, London.

Griselle, S., 2022, *Les enveloppes funéraires en Égypte romaine : les portraits sur panneau en contexte*, Sorbonne Université (unpublished).

Guimet, E., 1912, *Les portraits d'Antinoé au Musée Guimet*, Paris.

Jimenez, L. M., 2014, *Transfiguring the Dead : The Iconography, Commemorative Use, and Materiality of Mummy Shrouds from Roman Egypt*, University of California, Berkeley (unpublished).

Kourdi, S., 2022, *L'individuation du portrait dans l'Orient romain (Ier - IVe siècle apr. J.-C.) : aspects artistiques et sociologiques*, Université de Bordeaux 3 (unpublished).

Parlasca, K., 1966, *Mumienporträts und Verwandte Denkmäler*, Wiesbaden.

Parlasca, K. *et al.,* 1985, *El-Fayyum*, Milan.

Pavlov, V. V., 1967, *Египетский портрет I - IV веков*, Moscow.

Reinach, A., 1914, « Les portraits gréco-égyptiens », *RevArch*, 4e série, p. 32-53.

Reinach, A., 1915, « Les portraits gréco-égyptiens », *RevArch*, 5e série, p. 1-36

Svoboda, M., Cartwright, C. (eds.), 2020, *Mummy Portraits of Roman Egypt : Emerging Research from the APPEAR Project*, Malibu.

Thompson, D. L., 1972, *The Classes and Hands of Painted Funerary Portraits from Antinoopolis*, University of North Carolina (unpublished).

Zaloscer, H., 1961, *Porträts aus dem Wüstensand*, Vienna.

미라 초상화 전시도록

Aubert, M. -F., Cortopassi, R. (eds.), 1998, *Portraits de l'Égypte romaine*, Paris.

Kaper, O. E., Van den Bercken, B.(eds.), 2023, *Face to Face. The People behind Mummy Portraits*, Amsterdam.

Parlasca, K., Seemann, H. (eds.), 1999, *Augenblicke, Mumienporträts und ägyptische Grabkunst aus römischer Zeit*, Francfurt.

Seipel, W. (ed.), 1998, *Bilder aus dem* Wüstensand, Vienna.

Terpstra, T. *et al.* (eds.), 2019, *Portrait of a Child : Historical and Scientific Studies of a Roman Egyptian Mummy*, Evanston.

Walker, S. (ed.), 2000, *Ancient Faces. Mummy Portraits from Roman Egypt*, New York.

Walker, S., Bierbrier, M. L. (eds.), 1997, *Ancient Faces. Mummy Portraits from Roman Egypt*. London.

미라 초상화 코퍼스

Parlasca, K., 1969, *Ritratti di mummie. Repertorio d'arte dell'Egitto greco-romano*, Serie B, vol. 1, Palermo.

Parlasca, K., 1977, *Ritratti di mummie. Repertorio d'arte dell'Egitto greco-romano*, Serie B, vol. 2, Palermo.

Parlasca, K., 1980, *Ritratti di mummie. Repertorio d'arte dell'Egitto greco-romano*, Serie B, vol. 3, Rome.

Parlasca, K., Frenz, H. G., 2003, *Ritratti di mummie. Repertorio d'arte dell'Egitto greco-romano*, Serie B, vol. 4, Rome.

이집트 미라 초상

지은이 | 김욱진

펴낸이 | 최병식

펴낸날 | 2025년 8월 11일

펴낸곳 | 주류성출판사

주소 | 서울특별시 서초구 강남대로 435 주류성빌딩 15층

전화 | 02-3481-1024(대표전화)   팩스 | 02-3482-0656

홈페이지 | www.juluesung.co.kr

값 26,000원

잘못된 책은 교환해 드립니다.

ISBN 978-89-6246-559-4 03650